大学生职业发展与就业指导

牛淑珍·主编

复旦大學出版社

CONTENTS 目录

上篇　大学生职业发展

下篇　大学生就业指导

上篇

大学生职业发展

DAXUESHENG ZHIYE FAZHAN

导 论

翻开大学新篇章

亲爱的同学们，当你翻阅、学习此书时，说明你已迈入大学，初步开始了自我的职业发展之路，而此时的你或许对“职业发展教育”一词仍不甚了解，但是无需着急，本书将把职业发展的精髓一一为你呈现，为你的职业发展之路保驾护航。我们首先需要了解的是我们正在接受的高等教育以及我们的大学生活。

大学是人生的黄金时期，也是最重要的阶段。大学并不意味着享受美好人生，而是通过大学生活为美好人生做好相应的准备。多数大学生在迈入大学门槛之初，都会面临个人心理、生理和环境的变化，对自己的角色定位茫然。这就需要我们从认识大学开始，加强自我适应及疏导，为顺利度过大学时光打好基础。

一、大学生活初体验

（一）大学生活的特点

大学生和中学生的基本生活环境都是学校，但大学的生活与中学在空间、内容、方式上都发生了很大变化。不仅生活空间扩大了，而且，大学实行的是间接自主性管理，或者是开放式管理。自己的衣、食、住、行、经济开支、待人接物等都靠自己处理，这就对大学生的自我管理能力提出了很高的要求。

1. 生活费用自理

大学生虽然还不能自己获取稳定的收入，但大多数都开始自己管理生活费用。有同学以前在高中的时候每月零花钱只有一二十元，上大学时家里都要给几千元的生活费。而且，大学阶段不会像以前的校园生活一样，没有任何老师告诉你应该什么时间支出什么样的费用，完全依靠自我安排和控制。

2. 人际关系的变化

人际关系的变化主要体现在人际交往的方式与对人际交往的要求等方面。

从人际交往的方式上看，中学时人际交往的对象主要是同窗好友、父母亲朋和老师，群体关系简单。接触的同学在语言、生活习惯等方面差别不大，相互间充满着坦诚、单纯的气氛。而大学的同学来自四面八方，地域、语言、习惯、性格的差异使群体关系较为复杂。从人际交往的要求看，中学生大都依赖性强，有父母的照顾和学习的压力，对友谊的渴望不那么强烈。进入大学后，原来的人际交往圈子被打破了，独立的学习使大学生十分渴望与人交往、交流，建立起和谐的人际关系。各类学生社团以及寝室、班级、年级、专业、院系形成的各种单位结构，加之教师与辅导员并不像中学老师那样事无巨细、密切关注，使得学生必须学会与陌生的交往对象交往，尽快适应全新的人际环境。

3. 大学管理制度的变化

大学管理制度的变化体现在教学管理、管理方法与管理体系方面。从教学管理方面来看，中学实行学年制，大学实行的是学分制与学年制的有机结合。大学各门课程都规定一定的学分与学时，大学生必须修满规定的学分方可毕业。另外还要求大学生必须通过各种要求的过级考试等。从管理方法看，中学对学生采取直接管理的方法，大学则是强调学生的自我管理，即自我教育、自我服务、自我约束。从管理系统上看，中学都是通过班主任实施，大学则是学校各职能部门齐抓共管，直接参与学生的管理。

（二）大学的生活环境

大学教育的根本是基础知识的传授和人文精神的培养，大学的学习已完全不同于中学。迈入大学校园，面临的是一个全新的学习和生活环境。而图书馆、社团和寝室则是大学生成长环境的缩影。

1. 图书馆

大学教育是开放式的教育，除了老师传授知识以外，更重要的是要让学生主动去探索、去学习。图书馆有着丰富的资料，是大学生自主学习的最佳场所。在图书馆学习，可以培养独立学习和研究的本领。

学会运用图书馆是大学学习最重要的一课，而图书馆学习也将是大学学习的重要内容。正如有人所指出的那样，熟练和充分地使用图书馆资源，是大学生的必备技能之一。

例如可能你需要学习老师规定的课程之外的内容，需要去查找书籍和文献，以接触更多的知识和研究成果；可能你在一门课上发现了自己感兴趣的课题，然后就会积极去图书馆查阅相关文献，了解这个课题的来龙去脉和目前的研究动态。所以说，图书馆是大学生增长知识的宝库。

2. 社团

大学除了学习，还应该多尝试、多体会，多交朋友。社团正是大学生活的重要组成部分。

何为社团？官方说法是，某些具有共同特征的人相聚而成的互益组织。一个大学多则几百个、少则几十个社团，几乎囊括了大学生的各种兴趣爱好。有体育类社团，如足球俱乐部、轮滑协会等；有公益类社团，如小动物保护协会、心理辅导协会等；有文艺类社团，如舞蹈协会、吉他协会等；有社科类社团，如公关协会、创业实践协会等；有文化类社团，如演讲辩论协会、国学知识协会等……名目繁多的社团中，你总会找到一个适合自己的。

参加大学社团，可以培养兴趣，发展兴趣；可以找到志同道合的伙伴；可以展示自己。同时，社团还是培养组织能力、表达能力、创新意识与合作意识的地方，可以培养学生吃苦耐劳的精神与良好的心理素质。

3. 寝室

大学生的宿舍不仅是一个休息的场所，还是学生生活、学习、娱乐的重要场所。据有关调查显示，大学生目前每天在寝室的时间超过 10 小时，有的甚至更多。可见，寝室环境对于学生的身心发展有至关重要的作用。寝室环境优良既有利于培养同宿舍室友之间的感情，也有利于同学们集体精神的培养。

良好的寝室环境首先要求环境卫生。一个整洁的宿舍令人赏心悦目，心情舒畅。而良好的环境卫生需要大家的共同努力和维护。

其次，大家互帮互助、好学上进、积极向上、共同成长。一个学习型的寝室将是大学生不断进步的沃土。

大学里对人改变最大、影响最深的就是朝夕相处的室友了。寝室成员间因为不同性格和生活习惯可能会产生摩擦，但关键在于大家都要坦诚，有什么问题要及时沟通，不把芥蒂搁在心底，互相体谅包容后就会好了。

二、大学学习之适应

与中学学习相比，大学生要想真正学到知识和本领，除了继续发扬勤奋刻苦的学习精神外，还要适应大学的教学规律，掌握大学的学习特点，选择适合自己的学习方法。大学的学习既要求掌握比较深厚的基础理论和专业知识，还要求重视各种能力的培养。大学教育具有明显的职业定向性，要求大学生除了扎扎实实掌握书本知识之外，还要培养研究和解决问题的能力。因此，要特别注重自学能力的培养，学会独立地支配学习时间，自觉地、主动地、生动活泼地学习。还要注重思维能力、创造能力、组织管理能力、表达能力的培养，为将来适应社会工作打下良好的基础。

（一）大学的学习特点

一般说来，大学的学习主要有以下特点。

1. 自主性

在大学阶段，学习虽然也有一定的强制性，但较中小学要少得多。首先，大多数大学生所学的专业是自愿选择的，是他们所感兴趣的。其次，大学生除了要学习基础知识外，还要掌握各种专业知识，成为某学科的专门人才，这就要求大学生必须善于自觉地、主动地学习。同时，大学生根据自己的兴趣和爱好，选择某些选修课，独立地阅读各种书籍，制订学习计划，采用适合自己的有效的学习方法，也体现出较大的自主性。

2. 专业性

大学学习的专业性十分明显。大学生的学习实际上是专业学习，从入学开始就有了职业定向，再经过几年的学习，大学生逐步成为基础知识扎实、专业知识结构合理、能力强、创造性高、品行高尚德智体全面发展的高级专门人才。

3. 多样性

大学生的学习形式多种多样。在大学，虽然课堂教学还是主要形式，但大学生可以依靠多种渠道来获得知识，同时大学的实践性教学活动占有很大的比重。因而学生要通过自学、讨论，听学术讲座、参加第二课堂等活动来获取知识，加强实验、实习、社会实践和科研等实践性的环节，这些都是大学生增长知识和才干的重要途径。

4. 探索性

大学生的学习具有明显的探索和研究的性质。大学的教学内容由确定结论的论述，逐步转向更丰富的理论观点和最新学科发展动向等方面；人文学科的内容变化更大，知识更新更快。这就要求大学生的学习观念从正确再现教学内容，向汇集百家之长、形成个人见解的方向转变。另外，大学生从开始在教师指导下完成作业，到独立完成毕业论文（或毕业设计），都带有明显的探索性质。

（二）大学的学习方法

大学学习除了把握好课前预习、课堂学习、课后复习等主要环节之外，还要有目的地研究学习规律，选择适合自己特点的学习方法，提高获取知识的能力。具体来说，这些方法主要有以下几个方面。

1. 要制订科学的学习规划和计划

大学学习单凭勤奋和刻苦精神是远远不够的，只有掌握了学习规律，相应地制订出学习规划，才能有计划地逐步完成预定的学习目标。那么，应该如何制订学习规划呢？首先要根据学校的培养计划要求，并从个人的实际出发，从战略角度制订出基本规划。如设想在大学自己要达到的目标：达到什么样的知识结构，学完哪些科目，培养哪几种能力等。大学新生制订整体计划是困难的，最好请教本专业的老师或求教高年级同学。可以先制订好一年级的整体计划，经过一年的实践，待熟悉了大学的特点之后，再完善三年的整体规划。然后要制订阶段性具体计划，如一个学期、一个月或一周的安排，这种计划主要是根据入学后自己的学习情况、适应程度等，制订学习的重点、学习时间的分配、学习方法如何调整等。这种计划要遵照符合实际、切实可行、不断总结、适当调整的原则。

2. 要讲究读书的方法和艺术

大学学习不光是完成课堂教学的任务，更重要的是如何发挥自学的能力，在有限的时间里去充实自己，而选择与学业及自己的兴趣有关的书籍来读是最好的充实自己的办法。学会在浩如烟海的书籍中选取自己必读之书，就需要有读书的艺术。首先是确定读什么书；其次对确定要读的书进行分类，一般来讲可分为三类：第一类是浏览性质，第二类是通读性质，第三类是精读性质。读书时还要做到两点：一是读思结合，读书要深入思考，不能浮光掠影、不求甚解；二是读书不唯书，不读死书，这样才能学到真知。

3. 充分利用时间，做时间的主人

大学期间，除了上课、睡觉和集体活动之外，其余的时间机动性很大，科学地安排好时间对成就学业是很重要的。想成事业，必须珍惜时间。首先，要安排好每日的作息时间表。哪段时间做什么，安排时要根据自己的身体和用脑习惯，想好在大脑精力充沛时干什么，大脑疲惫时干什么，做到既完成学习任务，又能进行一些其他的文体活动等。一旦安排好时间表，就要严格执行，养成今日事今日做的习惯，千万不要等明日。其次，要珍惜零星时间，大学生活越丰富多彩，时间切割得就越细，零星时间越多。

4. 完善知识结构，注重能力培养

所谓合理的知识结构，就是既有精深的专门知识，又有广博的知识面，具有事业发展实际需要的最合理、最优化的知识体系。大学生建立知识结构，一定要防止知识面过窄的单打偏向。当然，建立合理的知识结构是一个复杂长期的过程。

思维拓展

大学学习和中学学习的区别

大学学习与中学时期的学习相比，存在着许多不同之处，其中最主要的区别是在学习内容、学习方法上发生了较大变化。

1. 内容多了

中学阶段，我们一般只学习十门左右的课程，而且有两年时间都把精力集中到高考科目上了，老师主要讲授一般性的基础知识。而大学需要学习的课程在数十门以上，每一个学期学习的课程都不相同，内容多，学习任务远比中学重得多。

2. 自习多了

中学里，经常有老师占用自习课，这让同学们非常苦恼，在大学里，这种情况几乎不存在了。因为大学里课堂讲授相对减少，自学时间大量增加。同时，大学为学生的学习提供了非常好的环境，大学有藏书丰富的图书馆，有设备先进的实验室，有丰富多彩的课外科研活动。

3. 老师管得少了

在学习方法上，中学时期只要跟着老师走就可以了，一切听从老师指挥，老师教学生是“手拉手”领着教。而大学则是“老师在前，学生在后跟着走”，提倡学生自主学习，课外时间要自己安排，逐渐地从“要我学”向“我要学”转变，不采用题海战术和死记硬背的方法，提倡生动活泼地学习，提倡勤于思考。

4. 讲课快了

大学教师讲课的特点：第一是介绍思路多，详细讲解少。主要讲授重点、难点内容，而且许多教师都使用投影机、多媒体授课，实现了授课手段多样化。授课进度比较快，一节课可能要讲授一章或几章的内容。第二是抽象理论多，直观内容少。第三是课堂讨论多，课外答疑少。第四是参考书目多，课外习题少。有的老师一节课讲两三个章节，听课的同学连翻书的时间都没有。

5.没教室了

中学时期，我们有固定的教室、固定的座位、听课的是固定的同学，但是在大学里，每个班没有固定的属于自己独享的教室，有时一、二节课可能在这一栋楼的某个教室学习，但三、四节课又会到另一栋楼去听课，与自己一起上课的可能还会有不同专业的同学，上自习也要自己找教室。

（资料来源：凤凰网教育）

三、大学新生如何适应大学生活

尽快适应大学生活，对于大学生掌握更多的专业知识，顺利完成学业，奠定就业基础都有重要意义。

（一）要学会自我调适，尽快确立新的学习生活目标

在情绪不好的时候要学会调节，如适当宣泄或向好友适当倾诉，还可以通过运动缓解不良情绪，总之不要把苦闷憋在心里。

大学新生正处于富有理想、憧憬未来的时期，但大多数学生对大学生活缺乏长远的打算。满足现状，不思进取，使刚刚开始的大学生活缺乏驱动力。因而，这些学生感到生活茫然、空虚、枯燥、乏味。这种现象的出现，主要是没有及时树立新的学习生活目标所致。因此，大学新生需要尽快熟悉大学生活，树立新的奋斗目标。目标的树立可以通过多种方式，可以通过对自己的分析、评价，根据自己的需求而定，也可以通过向老师等相关人士咨询、测评而定。有了明确的目标，在今后的学习生活中，为了这个目标按部就班地进行准备、主动地学习，就会感觉到充实，就会更快地适应大学生活。

在树立目标时，还要讲求目标的合理性。有的同学立志学业结束后继续深造，因此在日常的学习中一切以升学为目标，对于与升学专业课无关的内容往

往应付了事；甚至有些想考取别的专业的同学，完全忽视了本专业的学习。为了升学的目标付出艰辛的努力，当然是值得提倡的，但是很多同学因为各种原因，最后放弃了升学，或者没有考上理想的学校和专业，想再寻出路的时候，却发现自己根本没有足够的知识储备和能力。因此，在确定目标时，一定要合理地规划自己的学习生活，做到“一颗红心，两手准备”。

（二）树立自主学习、全面学习、创新学习的理念

大学学习方式与中学的不同，其根源是学习理念的不同。大学自主学习为主的学习方式与中学以应试为目标的灌输式教学有本质的理念差别。因此，适应大学学习生活，主要是要改变学习理念。

1. 树立自主学习的理念

自主学习是一种能动的学习。它要求同学们有明确的学习目的，自觉适应专业要求和社会需要，积极、主动地掌握相关知识、技能和方法，使自身真正成为学习的主人。坚持自主学习，离不开教师的指导，但同学们不能被动地接受教师的指导，要有强烈的求知欲和主动性，举一反三，触类旁通，注重对知识的拓展和领悟。在大学阶段，大量的自学时间，自由的学习空间，营造了大学生自主学习的浓厚氛围，也对自主学习理念的培养提出了必然要求。同学们要学会根据教学计划和自身所学专业的特点，合理确定学习目标，科学安排学习时间，掌握正确的学习方法，全面提高自主学习能力。

2. 树立全面学习的理念

学习应该是全面的，不仅要学好本专业的知识，而且要学好与专业有关的其他方面的知识，学好有利于提高自身素质的各方面的知识。学习不仅是知识的学习，更为重要的是掌握科学方法，培养探索求知的热情，学会如何收集、处理、选择和管理信息，分析和解决问题。学习不仅是掌握课堂知识、学习教材，还要从实践生活中学习，锻炼动手能力，提高实践本领；学会关心他人、尊重他人、与他人协作；学会按照道德准则和法律规范做人处事，不断提高自己的思想道德素质和法律素质，成为一个有益于他人和社会的人。

3. 树立创新学习的理念

创新学习是一种以求真务实为基础，采取创造性方法，积极追求创新性成果的学习观念。树立创新学习的理念，一方面，要坚持脚踏实地，打下扎实的专业功底；另一方面，要善于思考，勇于开拓，不断激发自己的创新意识，敢于突破陈旧的思维定势，努力从事探索活动，培养创新精神。社会的发展和未来的事业，要求同学们在大学阶段就自觉培养创新学习的能力。在学习过程中，不仅要善于组合、加工、消化已有知识，而且要力求有所发现、有所发明、有所创造；要破除迷信，解放思想，勇敢地追求真理，掌握客观事物发展规律，养成科学的创造性思维的习惯，为将来的工作打下良好的基础。

（三）多参加社团活动和社会实践，培养自己的课外兴趣

大学生活是丰富多彩的，除了课堂之上，课堂之外又是一片天空，有了自己的爱好，生活便不再单调。

大学校园与中学校园的一个显著区别就是大学的课余生活丰富多彩。除了日常的教学活动之外，还有各种各样的讲座、讨论会、学术报告、文娱活动、社团活动，等等。这些活动对于大学新生来说，的确令人眼花缭乱。要合理地安排课余时间，首先要对自己在近期内的活动有一个理智的分析，看看自己近期内要达到哪些目标，各种活动对自己发展的意义有多大；然后再做出最合理的时间安排，并且在执行计划中不断地修正和发展。大学新生要善于利用课余时间，开展一些有益的文娱活动；尽量培养多种兴趣爱好，陶冶情操，使生活充实丰富。大学期间最好拥有一项或多项自己有兴趣又擅长的爱好，这不仅有利于建立自信心，还能增强社会适应能力。

第一章

1

开启规划之门

第一节　职业生涯规划概论

在人的一生中，谁都期望拥有顺利的事业和成功的人生，以实现个人的人生价值，这是我们职业发展与人生成功的内在要求。然而，并非人人都能如愿以偿，这主要有两方面的原因。一方面，客观环境——就业形势会对个人的职业发展产生影响；另一方面，主观因素——人生方向的不明确，我们中很多人究其一生都不了解自己，没有一个明确的人生目标，也就造成了不能实现职业生涯的持续发展。而职业生涯规划正是解决这一问题的有效途径和方式，下面，我们来了解什么是职业生涯规划。

一、职业生涯规划的内涵

（一）生涯

“生涯”出自《庄子·养生主》，在《庄子》里的原句是：“吾生也有涯，而知也无涯。以有涯随无涯，殆已！已而为知者，殆而已矣！为善无近名，为恶无近刑，缘督以为经，可以保身，可以全生，可以养亲，可以尽年。”

而此处我们所说的“生涯规划”中的“生涯”是指个人通过从事工作所创造出的一个有目的的、延续一定时间的生活模式。英语是“career”，实际上就是指“职业”。“生”，即“活着”；“涯”，即“边界”。广义上理解，“生”，自然是与一个人的生命相联系；“涯”，则有边际的含义，即指人生经历、生活道路和职业、专业、事业。人的一生，包含少年、成年、老年几个阶段，成年阶段无疑是最重要的时期。这一时期之所以重要，是因为这是人们从事职业生活的时期，是追求自我、实现自我的重要人生阶段。

（二）职业生涯

职业生涯，是指我们受教育获得相应的职业能力、培养职业兴趣、选择职业方向和就职并具体从事相关工作，直至退休的整个职业经历过程（career experience）。

美国著名职业生涯专家施恩，将职业生涯分为内职业生涯和外职业生涯。内职业生涯是指从事一项职业时所具备的知识、观念、心理素质、能力、内心感受等因素的组合及其变化过程。内职业生涯各项因素需靠自身主观努力才能实现，而一旦取得，就成为别人拿不走也收不去的个人财富；外职业生涯指在职业生涯过程中所经历的职业角色的获取、职业地位的提升以及物质财富的总和，包括从接受教育开始，经过工作直至退休的全过程。外职业生涯的发展往往是以内职业生涯的发展为前提，内职业生涯发展了，外职业生涯自然提升。

触类旁通

外职业生涯与内职业生涯

职业生涯可分为外职业生涯和内职业生涯。

外职业生涯是一个人在一生中所从事的各种职业的总称，是客观的职业，常指从事职业时的工作单位、工作地点、工作内容、工作职务、工作环境、工资待遇等因素的组合及其变化过程。外职业生涯的构成因素通常是由别人给予的，也容易被别人收回，往往与自己的付出不符。有的人一生疲于追求外职业生涯的成功，但内心极为痛苦，因为他们往往不了解，外职业生涯的发展是以内职业发展为基础的。

而内职业生涯指从事一项职业时所具备的知识、观念、心理素质、能力、内心感受等因素的组合及其变化过程。内职业生涯各项因素的取得，可以通过别人的帮助而实现，但主要还是由自己努力追求而得以实现。内职业生涯的各构成因素不因外职业生涯的构成因素的不同而不同，内职业生涯各因素一旦获得，别人便不能收回或剥夺，也不因外职业生涯因素的改变而丧失。别人不能剥夺。

内职业生涯的发展是外职业生涯发展的前提，内职业生涯发展带动外职业生涯的发展，它在人的职业生涯成功乃至人生成功中具有关键性作用。因而在职业生涯的各个阶段，我们都应重视内职业生涯的发展，尤其是在职业生涯早期和中前期，我们一定要把对内职业生涯各因素的追求看得比外职业生涯更为重要。

（资料来源：郭立银、官桂芬，大学生职业生涯发展与就业创业指导［M］，北京：北京师范大学出版社，2015 年。）

（三）职业生涯规划

规划（program）指比较全面的长远的发展计划。它是带有长远性、全局性、战略性、方向性和指导性的未来设计方案及行动指南。

生涯规划也称为职业生涯规划（career planning），又叫职业生涯设计，指的是一个人对其一生中所承担职务的相继历程的预期和计划，这个计划包括一个人的学习与成长目标，及对一项职业和组织的生产性贡献和成就期望，是指个人与组织相结合，在对一个人职业生涯的主客观条件进行测定、分析、总结的基础上，对其兴趣、爱好、能力、特点进行综合分析与权衡，并结合时代特点和被规划者的职业倾向，确定其最佳的职业奋斗目标，并为实现这一目标做出行之有效的安排。个体的生涯规划并不是一个单纯的概念，它和个体所处的家庭以及社会存在密切的关系。

虽说生涯规划主要是指个人生涯规划，但也包括企业生涯规划；此外，生涯规划既包括大学生（职前）职业生涯规划，也包括入职后的企事业员工职业生涯规划，等等。

二、职业生涯规划的意义

尽管近年来，国家和学校纷纷出台相关的政策措施加强职业发展指导教育，强化大学生职业生涯规划的意识，但不少大学生对生涯规划的重要意义仍然认识不足，对职业生涯规划本身表现平淡，将规划流于形式，导致职业生涯规划应有的作用不能充分发挥。实际上，大学生的职业生涯规划活动，无论是对个人还是社会都具有十分重要的意义。

（一）职业生涯规划对个人的意义

现实生活中，我们不难发现，同一个班的毕业生，工作若干年后，发展结果大不相同。据有关资料显示，对自己的职业有规划的人，其发展明显好于他人。在广大学生中，普遍存在着诸多成长困惑，渴望今后有一个好的职业，但不知从何入手；渴望自己今后有大的作为，却信心不足，目标模糊；渴望别人理解自己，却不知道自己是谁；有大的抱负，却往往成为空中楼阁。所有这些，都可归结为缺乏职业生涯的科学规划。

合理的职业生涯规划，是个人在对自我特点、组织和社会环境分析了解后，制定的个人事业奋斗目标，它有助于个人弄清楚自己的人生目标，平衡爱好与工作、家庭、亲友之间的需求，有助于个人更好地选择职业，恰当地调整工作需求、环境变化与个人需求的关系，更加有计划、有目的地发展职业生涯。

具体来说，职业生涯规划对大学生主要有以下方面的价值。

1. 主动寻求提升，增强自信心

职业生涯规划是个人积极、主动地对自己的发展进行思考与计划，而当个人的改变是来自其内在动机，反应个体内在的需求时，才能有最好的改革。生涯规划的过程也是逐步挖掘个人需要，明确奋斗目标的过程。当一个人的目标具体而不含糊时，才会促使个体采取更加有意义、积极、高效的行动。

这种主动且高效的行动常常会带来成功的经历和体验，将促使大学生不断学习、积累和提升，随着知识的积累，培训和教育的增多，对自己和职业工作的认识地加深，自信心也就会逐渐建立起来。

2. 扬长避短，提高职业竞争力

当今大学生就业面临着非常激烈的竞争，在这样的市场环境下，要想在竞争中脱颖而出并保持立于不败之地，必须设计好自己的职业生涯规划。由于每个人的职业兴趣、价值观、个性、语言能力、动手能力、社交能力、组织管理能力等都有所不同，只有通过职业规划，才能找出自己的特点，明确自己的优势及缺陷，使自己有针对性地学习、提高，最后把内在优势和外在优势整合在一起，提升职业生涯打拼的核心竞争力。

如果不了解自己的优劣势，就会出现在职业选择过程中的盲目性和不可实施性。不少大学生临近毕业，拿着简历与求职书到处乱跑，总想会撞到好运气找到好工作，认为找到理想的工作就是靠学识、业绩、耐心、关系、口才等条件，认为职业生涯规划纯属纸上谈兵，这是一种错误的理念。实际上未雨绸缪，先做好职业生涯规划，磨刀不误砍柴工，有了清晰的认识与明确的目标之后的求职准备，再把求职活动付诸实践，这样效果要好得多，也更经济、更科学。

3. 了解就业市场和职业环境，选择适合自己的职业

生活在象牙塔里的大学生们常常缺乏对社会和对外部职业资讯的了解，在职业生涯规划过程中，大学生需要不断获取外部信息，获得的外部信息越多，心理准备也就越充分，更能够根据社会的需要，考虑眼前利益和长远发展的关系，合理规划自己。

在职业规划的过程中，对就业市场、就业机会、行业、岗位的分析，能够帮助大学生审视自己的目标和选择是否合乎现实、适合自己、有多少风险、能否从职业中获得自己想要的回报。大多数人因为没有职业规划，对职业的理解往往停留在想象的层面上，或仅仅从一个旁观者或消费者的角度来理解一份职业，从而做出草率的职业选择。

4. 提高工作满意度，使事业成功最大化

职业生涯规划是一个力图实现人职匹配，实现自我价值的过程。通过职业规划，会把一个人定位在一个最适合自己特点、最能发挥特长的职位，以便最大限度地实现自我价值。同时，对个人来说，也会清楚自己哪些部分需要提升，哪些部分需要锻炼，哪些部分比较有竞争力。有了对所从事职业的认同，才会更加主动地投入工作，成就更大的事业。

触类旁通

俞敏洪谈大学生职业生涯规划

语录1：像草一样活着和像树一样活着是截然不同的！

人的生活方式有两种，第一种是像草一样活着，你尽管活着，每年还在成长，但是你毕竟是一棵草，你吸收雨露阳光，但是长不大，人们可以踩过你，但是人们不会因为你的痛苦而痛苦，不会因为你被踩了，而来怜悯你，因为人们本来就没有看到你，所以我们每一个人都应该像树一样成长，即使我们现在什么都不是，但是只要你有树的种子，即使被人踩到泥土中，你依然能够吸收泥土的养分，自己成长起来，也许两年三年你长不大，但是八年，十年，二十年，你一定能长成参天大树，当你长成参天大树以后，即使人们离开你以后，回头一看，你依然是地平线上一道美丽的风景线。树，活着是美丽的风景，死了依然是栋梁之材，活着死了都有用，这就是我们每一个同学做人的标准和成长的标准。

语录2：做泥沙还是河流？

每一条河流都有自己不同的生命曲线，每一条河流都有自己的梦想，那就是奔向大海，当我们遇到困难的时候，不管是冲过去还是绕过去，只要我们能过去就行，我希望大家能使自己的生命向梦想流过去，像长江黄河一样，能流到自己梦想的尽头，进入宽阔的海洋，使自己的事业也变得开阔，但是并不是说你想流就能流得过去的，其实这里面要具备一种精神，这就是水的精神，我们的生命有的时候会是泥沙，尽管你也跟着水一直往前流，但是由于你个性的缺陷，面对困难的阻截或者说胆怯，你可能慢慢地就会像泥沙一样，沉淀下去了，一旦你沉淀下去了，也许你不用再为了前进而努力了，但是你却永远见不到阳光了，上面的泥沙会不断把你压住，最后你会暗无天日，所以我会建议大家，不管你现在的生命是怎么样的，一定要有水的精神，哪怕被污染了也能洗净自己，像水一样不断地继续自己的力量，不断地冲破障碍，当你发现时机不到的时候，把自己的厚度积累起来，当有一天时机来临的时候，你就能够奔腾入海，成就自己的生命。

（资料来源：新东方教育科技集团总裁俞敏洪语录。）

（二）职业生涯规划对社会的意义

社会发展靠个体的推动，而个体行为最终都会直接或间接地影响社会。职业生涯规划不仅对个人有所帮助，对于社会而言，大学生职业规划同样具有潜在性和长期性的意义。那种随意性极强的“随行就市”的现实主义，从长期看是非常不现实的。尽管短期内是谋到了一份工作，但这种暂时的就业是建立在对工作、对自己的认识不足基础上的盲目就业，职业匹配率很低，职业失望率也随之提高，加大了潜在失业的概率。对大学生个人、对企业，乃至对整个社会都会形成不稳定的因素。

1. 提高就业市场配置的成功率

在双向选择，自主择业的背景下，大学毕业生很看重各种形式的人才交流会，这也是他们走向社会，选择职业的主要渠道之一。根据国内各大城市举办大型人才交流会的统计，多数学生参加人才交流会都有一种“赶集”的感觉，没目标、没准备，全凭运气碰，结果造成了有意向的没信心，有信心的准备不足，据统计，人才交流会对接成功率仅有 30%。

造成这种现象的原因之一就是大学生职业规划的缺失，即大学生职业目标相对模糊，对自我缺乏了解，对市场需求信息缺乏认知。职业生涯规划可以使个人的求职就业更加有针对性、科学性和可行性，从而可提高就业市场配置的成功率。

2. 有利于降低离职率

当前，大学生的离职率逐年升高，很多大学生入职几个月即离职。而离职的原因很大一部分是因为大学生缺乏对企业以及从事职位的深入了解，稀里糊涂、随大流地就业，等到工作一段时间后才发现，人职不能匹配，或企业远不是自己想象的那般，造成巨大的落差。

经过系统职业生涯规划的大学生一般都有明确的职业定向，对第一次择业往往都很慎重，在真正双选的基础上找到一个相对适合自己的职业，从而降低了因人职不匹配而导致的离职率。

3. 有利于降低就业压力

由于缺乏职业生涯规划的指导，缺乏长远打算，不少大学生年轻时只是随波逐流地换工作，能找着什么工作就干什么，到了 30 多岁还没有职业定位。这种缺少规划地更换工作，一方面难以在一个合适的领域内积累必要的职业经验，而这正是企业所需要的；另一方面频繁跳槽，会影响自己职业的稳定发展。一个不具备应有的职业技能和经验的求职者，或者频繁跳槽的求职者都难以得到用人单位的青睐。大学生中个体的这种行为最终会演变成整个社会对大学生求职者的谨慎选择，导致另一种就业压力，从而使得大学生承受就业压力的时间变得更长。

4. 将有利于高校的生存与进一步发展

近几年，媒体不断在报道，各地放弃参加高考的人数逐年上升。虽然弃考的原因是多方面的，但主要原因则是觉得上大学不合算，因为在高校高额学费的背后，却面临毕业时的就业难问题。家长看到这种现象，自然会考虑孩子是否有必要上大学的问题。因此大学生的就业问题也是影响高校进一步生存与发展的至关重要的问题，只有很好地解决了这个问题，高校才能得到进一步的生存与发展。

三、职业生涯规划的影响因素

在人的一生中，各自的职业历程因人而异，迥乎不同。有的人一生可能只从事于某一个行业的一种工作，有的人一生中却变换了很多种工作岗位从事不同的工作；有的人一生中可能事业顺利不断走向成功，而有的人却碌碌无为业无所成。这是为什么呢，主要原因就在于后者中的很多人对影响职业生涯规划的内、外因素以及自我认知不清楚而没有进行统筹考虑。所以，我们有必要了解职业生涯规划的影响因素及规划内容。

（一）个人因素

包括个人的心理、体质、性别、年龄、教育、家庭背景等因素。个性特征、倾向和人际倾向等心理因素，主要包括性格类型（变化型、重复型、服从型、独立型、协作型、孤独型、劝服型、机智型、经验决策型、事实决策型、自我表现型、严谨型），气质类型（胆汁质、多血质、黏液质、抑郁质），能力及能力倾向，价值观，态度以及是否喜欢与人打交道，是否喜欢与人合作等方面的特征。体质因素除了健康状况和体格特征以外，还包括忍耐力、适应性方面的内容。不同的体质条件制约着某些职业的选择或职业的流动方式。由于传统的职业观和社会对男女“社会角色”期望的差异，以及生理特征差别造成男女职业的限制。并且，随着年龄的增长，社会经验和社会阅历不断丰富，在家庭中承担的角色也在发生变化，职业选择的目标更为明确，职业设计更现实、更理智。同时，受教育的程度对个人的知识结构、职业能力与职业价值观等方面均产生重要的影响作用。每个人的家庭背景因素也会较大地影响着个人的职业设计，且人们在社区中生活，会受到地区习俗、同辈群体以及邻里职业示范作用等因素的潜移默化的影响。

（二）组织因素

个人职业生涯是在一系列特定组织中度过，组织所给个人的感受以及对职业具体内容的认识，往往影响着个人的职业行为和未来的职业发展道路。组织对职业设计的影响因素包括发展空间、工作环境等方面。如组织所提供的职位、职务或者工作的岗位是决定个人在组织中自我设计和工作状态的重要因素。如果组织无法满足个人预期设计的发展要求，个人则有可能打算离开该组织，重新进行选择；或者继续留在组织中，改变和调整原来的期望来适应组织。又如，在职业生活中，工资、福利等工作回报，以及工作环境条件等方面因素直接影响个人对组织的满意度；对组织成员进行各种培训是个人职业发展的重要手段。

在接受培训过程中，个人可能进一步正确认识和认可自身所从事的职业或工作，加深对所在组织的了解，有利于激发个人对自身发展的设计；组织职务或工作升迁和变换途径的规定、组织管理风格以及人与人之间的合作和融洽程度都是人们调整职业角色，甚至工作变换的一个不可忽视的因素。

（三）社会因素

社会对职业设计的影响因素包括社会的职业需求、职业声望、社会人际环境、社会制度和社会经济发展状况等。职业需求是指一定时期各种不同职业岗位对劳动者的需求量。职业需求的作用是鼓励和强化劳动者原有的职业倾向，或者抑制和打消劳动者不现实的设想，或者诱导劳动者产生新的职业期望。一般来说，职业需求越多，职业种类越广，就业机会越大，人们越倾向于选择该种职业；职业声望是在社会习俗、职业传统、社会舆论和当前社会所流行的价值观的影响下，对某种职业的社会功能、权利报酬以及晋升的机遇、职业的工作条件以及职业的需求等方面因素进行排序的过程；社会通过特定的人际交往和人际关系来影响择业者的态度和行为，甚至形成一种环境压力，促使或制约个人的职业决策；就业制度和其他一些社会制度也对劳动者的职业设计产生鼓励或抑制作用；社会经济发展状况影响着个人对未来发展的预期，进而影响职业生涯规划。

四、职业生涯规划的内容

通过对职业生涯规划的影响因素进行分析以后，我们就明确了职业生涯规划的内容，即了解自我、认知环境、科学决策、确定目标和付诸行动。

（一）了解自我

人贵有“自知之明”，我们大学生也不例外。通过对个人进行深入的分析，全面认识自我，彻底了解自身。明确自身的价值观以弄清自己想成为怎样的人以及通过工作最想获取什么；确认自身的性格气质来评价自己适合干什么；发现自身的兴趣爱好以搞清楚自己最喜欢干什么；评价自身的能力和特长以判断自己能做什么；衡量自身的优势与不足以便在工作中扬长避短，并以此来开发自己、改变自己、设计自己、塑造自己，跨越自己的障碍，成功地把握自己，从而使自己的才能得到充分发挥，使自己适应外界环境，能够拥有完美的职业生涯。

（二）认知环境

人生发展与环境的关系密不可分，人是环境中的人，环境是人与人之间联系和发展的重要纽带。对于我们大学生来说，一方面，认识自然环境和社会环境，搞清地域状况、社会政治、经济发展趋势及热门职业分布与需求情况，有利于我们了解相关因素对个体择业与就业的影响，分析出哪些事情可以做、哪些事情不能做，这对一个人的职业生涯成功来说是非常重要的；另一方面，认识行业环境、组织环境中的企业内、外环境，如组织特色，规模，结构，文化和组织经营战略，发展态势（发展期、稳定期、衰退期），竞争优势，以及人才需求，职位晋升，培训，招募和人事管理，薪酬，福利等将有助于我们在择业与就业时作出理性的分析和正确的决策。

（三）科学决策

职业生涯决策是综合了个人对自我的认识，以及对环境、职业等外在因素的判断，面临生涯抉择情境时所做的各种反应，其构成要素包括：决策者个人目标、可供选择的方案与结果，以及对各个结果的评估，即目标、选择、结果、评价四要素。职业决策的整个过程与结果，要受到机会、结构、文化等社会因素，以及个人价值观与其他内在因素的影响。具体来说，职业生涯决策包括以下内容。

（1）选择何种专业与行业；

（2）选择行业中的哪一种职业；

（3）选择怎样的策略来获得某一特定的工作；

（4）从数个工作机会中选择其一；

（5）选择工作地点；

（6）选择工作的取向，即个人的工作作风；

（7）选择生涯目标或系列的升迁目标。

（四）确定目标

职业生涯目标，就是指个人在选定的职业领域内未来将要达到的具体目标，从而促使个人依据这种明确的职业目标去规划自己的学习和实践，为实现职业目标进行积极准备和付诸实际行动。

职业生涯目标具有客观性，主要是指目标本身并不是空想出来的，而是建立在自我认知与环境认知的基础上，了解了个人兴趣、性格、能力、身体素质，以及社会环境等各方面的情况，才能制定出一个具有可行性的、合理的目标。假如，一个人从未接受过美术绘画方面的培训，却想要在2年内成为享誉国内外的画家，这种目标一般情况下只能算是幻想或纯粹的理想。另外，当目标确定后，并不是一成不变，随着个人知识、技能、阅历方面的提升，完全可以阶段性地调整自己的发展目标，但这种调整的频率不能过于频繁。

（五）付诸行动

我们常常都有宏伟的目标，但这是不够的，在确定了职业目标后，还要制订实现目标的行动计划。

职业生涯规划中的行动计划是指落实目标的具体措施，主要包括每日、每周、每月、每学期、每学年具体实施生涯规划方案的有效行动步骤。比如，制定并坚持一日和一周生活制度，参加各种有利于生涯规划方案实现的活动、社会实践和实习、实训等；为达成目标，在学习方面计划采取什么措施提高学习效率；在个人素质方面，计划学习哪些知识，掌握哪些技能，提高综合素质和职业能力；在潜能开发方面，采取什么措施开发潜能，等等，都要有具体的计划与明确的措施。这些计划应具体，便于定期和不定期检查。

需要强调的是，了解自我和认知环境不是相互独立的两个方面，而是相互作用、相互影响的，它们是科学决策、确定目标和付诸行动的基础与前提。科学决策是确定目标、付诸行动的至关重要的环节。有了科学的决策，才能根据自己的情况与实际环境来选择努力的方向、确定奋斗的目标，并切实付诸行动，以取得最终的成功（见图 1-1）。

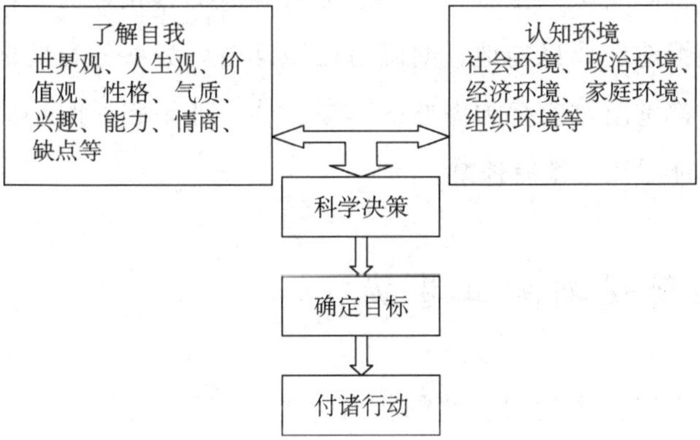

图 1-1 职业生涯规划内容关系图

第二节　职业生涯规划的方法与流程

生涯发展就像一次人生旅行，要想品尝收获的喜悦，需要提前对行程做好精心安排。谨慎地选择目的地、明确自己该准备好哪些旅行资源、选择怎样的出行线路等，都是出发前必须做好的准备工作。如果因一时心血来潮就匆忙上路，常常会不能尽兴，留有遗憾。

一、如何规划职业生涯

职业生涯规划也和初次上路的行者一样，需要认真思考自己要去的方向，拟订一个行动计划，步步为营；如果且走且战，则很容易陷入职业发展的泥淖，疲惫不堪。听从内心需要，挖掘出自身潜能，需要遵循一套客观、科学、实际的规划方法和流程。图 1-2 描述了系统的生涯规划方法。

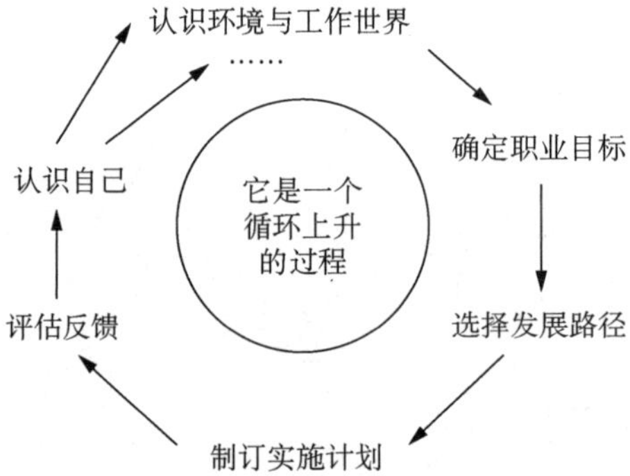

图 1-2　系统的职业生涯规划法

思维拓展

便捷的职业生涯规划法

◇ 自然发生法：最常见的情形是在学生高考后，在填写志愿时，并未考虑自己的性向、志趣，只要找到分数所能录取的学校、科系，便草草地写下了自己的志愿。

◇ 目前趋势法：跟随现在市场的趋势，盲目地投入到新兴的热门行业中去，例如越来越多的人成为了炒股一族。

◇ 最少努力法：选择最容易的科系或技术，但祈求有最好的结果。

◇ 拜金主义法：选择待遇最好的行业。

◇ 刻板印象法：以性别、年龄、社会地位等刻板印象来选择，如大家普遍认为女性较适合从事服务业。

◇ 橱窗游走法：到各种工作场所或招聘会走马观花一番，之后再选择最顺眼的工作。

◇ 假手他人法：由他人替自己决定和选择，这些人可能是家人、朋友、老师。

（资料来源：徐峰，用职业规划做好高考志愿的填报［J］，实践与探索，2013 年第 6 期。）

二、职业生涯规划的原则

在职场上，很多人在对自己的职业生涯进行规划时都不知所措。职业生涯规划需要了解规划职业生涯时所要遵守的准则，从而让规划合理可行，符合自身实际。个人职业生涯规划设计应该遵守如下准则。

1. 清晰性原则

一份清晰的规划是保证行动有效实施的前提。在制订职业生涯规划时，要考虑目标、措施是否清晰、明确，实现目标的步骤是否直截了当。

2. 挑战性原则

制定的职业目标或措施要具有挑战性，不能仅仅是维持原来的状况。一份有挑战性的规划，才能使个人在职业历程中不断成长，有所开拓。

3. 一致性与协作性原则

一致性是指职业生涯规划的主要目标与分目标、目标与措施、个人目标与组织目标都要保持一致。协作性则指个人目标与企业目标要具有合作性与协调性，职业生涯规划的各项活动，都要由组织与员工双方共同制订、共同实施、共同参与完成。

4. 动态性原则

一般来说，个体的生命历程是不断变化的，个人的职位也是不断变动的，因此职业生涯规划也应该是动态的。职业生涯的目标或措施要具有弹性和缓冲性，能依循环境的变化而作调整。

5. 激励性原则

目标是否符合自己的性格、兴趣和特长，是否能对自己产生内在的激励作用也是需要考虑的维度。职业生涯规划的目标和措施，要使个人能发挥自己的能力和潜能，达到自我实现。

6. 全程性原则

拟定职业生涯规划时必须考虑到生涯发展的整个历程，作全程的考虑。在实施职业生涯规划的各个环节上，都要进行设计、实施和调整，以保证职业生涯规划与管理活动的持续性，使其效果得到保证。

7. 量化清晰原则

生涯规划各阶段的路线划分与安排，必须具体可行。设计应有明确的时间限制和标准，以便测量、检查，使自己随时掌握执行情况，并为设计的修正提供参考依据。

8. 务实原则

实现生涯目标的途径很多，在做规划时必须要考虑到自己的特质、社会环境、组织环境，以及其他相关的因素，选择务实可行的途径。

三、职业生涯规划的步骤

职业生涯规划的具体步骤如下。

（一）自我评估

自我评估就是对自己作全面分析，认识自己、了解自己，这是实施生涯规划的重要一步。理想的职业要靠科学的规划，科学规划的基础是准确的评估。

1. 自我评估的内容

自我评估的内容包括个人的兴趣、特长、性格、学识、技能、智商、情商、逆商、财商、健商等，以及组织管理、协调、活动等能力。

2. 自我评估的方法

（1）自评法：自我反省、自我分析。

（2）他评法：就是家长、同学、朋友对自己的分析和评价。

（3）测试法：利用职业测评软件对自己进行测评。

在自我评估时，往往把几种方法共同使用，最终求出交集。

（二）环境分析

环境因素对个人职业生涯发展的影响是巨大的，它为每个人提供了活动空间、发展条件和成功的机遇。环境分析的内容包括对社会环境、组织环境和家庭环境的分析。社会环境包括政治、经济、文化、社会价值观等；组织环境包括组织状况和特色、发展战略、管理制度、领导者风格等；家庭环境包括家庭的经济地位、家族期望、传统文化等。

在进行职业生涯设计时，要通过分析各种环境因素，特别是对组织发展战略、人力资源需求、晋升机会分析，以及对社会政治环境、经济环境等有关问题的分析和探讨，弄清楚环境的特点、环境的变化趋势、个人与环境的关系、个人在环境中的地位、环境对个人的要求，弄清环境对职业发展的作用和影响，以便更好地进行职业目标的设计和职业路线的选择。

（三）确定目标

行为科学认为，目标是一种刺激，合适的目标能够激发人的动机、规定行为的方向。行为科学家佛隆认为：人们把目标的价值看得越大、估计实现的概率越高，这个目标对他的激发力量也就越大。理想的职业生涯目标，对人的发展有着重要的激励作用。由于知识、经验、阅历、态度、各自利益的不同，每个人对于自己预期的职业生涯目标也各不相同，应根据自己不同的需要确定自己的职业生涯目标。

人生的职业目标有短期目标、中期目标和长期目标之分，在一定的时期内，要依据社会环境等客观实际情况的变化进行一些必要的调整，使职业目标更接近实际。要善于将职业生涯远期目标分解为有时间规定的长、中、短期分目标，目标分解的过程就是职业生涯不断清晰化、具体化的过程。另外，在目标设定上，应根据主客观条件来设计，要保证目标适中，不可过高或过低。

（四）选择路径

通过自我评估、认识自己、分析环境，并且在确定未来职业目标的基础上，就要从自己的价值观、理想、成就动机等对自己以后从事的职业做出选择。

职业生涯路径通常有“纵向”“横向”“网络”“双重”这四种可供选择，其选择因人而异。职业生涯路线也可能出现交叉与转换，个人可依据自身特点和外界环境，选择职业发展路径。

纵向职业路径——传统路径，在变换工作的同时提升在组织中的层级；

横向职业路径——选择积累阅历、扩大知识技能面的跨职能边界进行工作变换；

网络职业路径——纵向、横向相结合；

双重职业路径——选择凭自己能力的提高为组织做出贡献，从而赢得更好的待遇、应有的承认，即不必成为管理者而只做技术和管理专家的双重职业路径。

（五）制订计划并实施

一种性格决定一种命运，一种习惯决定一种性格，一种行为决定一种习惯，一种思想决定一种行为。当思想上确定了目标，行动便成了关键的环节。行动计划是指落实目标的具体措施，主要包括工作、训练、教育、学习等多方面的措施。行动计划由长期和短期两部分组成。长期计划有点像人生目标，它的实现有众多不确定因素，我们有必要根据自身实际和社会发展趋势，不断地设定新的短期可操作的目标。

当职业生涯计划的策划部分完成后，便要采取行动，因为只有计划是不够的，空有计划而无行动，则一切都如镜花水月。以工作生涯的发展为例，付诸行动时要考虑的问题包括：自己现有的教育与训练水平，是否足够应付工作所需？如果答案是否定的，哪些机构可以提供这些服务？质量如何？价钱多少？是否需要取得一些工作经验？短期的还是长期的，业余的还是全时的？义务性的还是要求报酬的？等等。总之，在行动中积累自己的资源，是此步骤中的重点。

（六）及时评估反馈和调整

常言道，计划赶不上变化。事物都是处于运动变化之中的，由于自身及外部环境条件的变化，职业生涯设计也要随之变化。种种不确定因素可能会使得原本制订好的规划设计与实际情况产生偏差。正如航天飞机在飞向月球的过程中，97%都是偏离航道的，飞机不可避免地要不断地从回馈中修正航道。职业生涯规划也是如此，即使能从事自己喜欢的工作，仍然会不时地被杂事缠身，失去方向。因此，需要对原来的设计做出及时而准确的修订。

以上步骤是动态和闭合的一个系统，如图 1-3 所示。

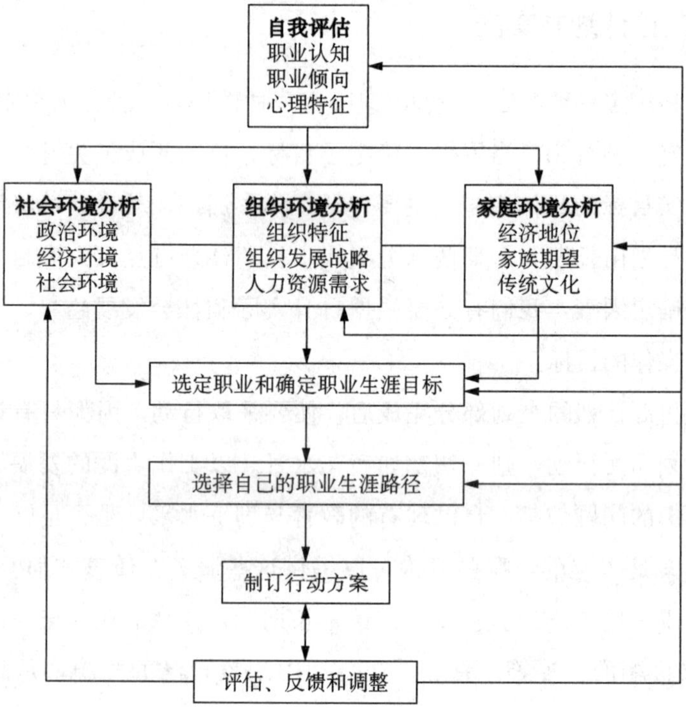

图 1-3　职业生涯规划流程图

第三节　关注理论，指导实践

生涯规划相关理论的发展是一个多学派共同发展的过程。从生涯发展、生涯规划、生涯指导到生涯教育，各种理论的独特见解，推动了生涯理论本身的发展，更是对实践起到了极大的启发和指导作用，许多量表、计算机系统和用于生涯干预的材料也应运而生。尽管依据每一种理论所发展出来的实用工具都有其一定的缺点，但综合运用生涯规划的相关理论和工具，能帮助你成为一个知情的生涯信息使用者，从而制订出更好的生涯规划策略。

一般来说，根据强调及研究重点的不同，我们可将生涯规划理论划分为结构取向理论和过程取向理论两大类。结构取向理论是指把生涯问题和决策看作在一个时间点上发生的事件，即在个人生活当中某一时刻所发生的事。其强调选择什么以及将个人与环境相匹配。过程取向理论是指把生涯问题和决策看作是各种事件和选择在一生中的发展过程，这一发展过程随个人年龄增长变得日渐复杂。其强调最先的选择，然后是指向某一目标的一系列事件或任务。

一、过程取向理论

过程取向理论的代表理论有舒伯（Donald E. Super）的生涯发展论、克鲁姆伯尔茨（J. D. Krumboltz）的社会学习理论、克内菲尔坎姆（Knefelkamp）和斯列皮兹（Slipitza）的认知发展理论、金斯伯格（Eli Ginzberg）的生涯发展阶段理论等。

（一）舒伯（Super）：生涯发展论

从20世纪50年代初开始，许多学者开始研究职业和生涯发展问题，并形成了一系列理论学说，其中舒伯的生涯发展理论是最有代表性的理论之一。他的职业生涯发展阶段理论是一种纵向的职业指导理论，重在对个人的职业倾向和职业选择过程本身进行研究。

舒伯把“生涯”定义为生活中各种事件的演进方向和历程，它统合了人一生中的各种职业和生活角色，由此表现出个人独特的自我发展形态；生涯也是人生自青春期至退休后所有有酬和无酬的职位的总和，除了职位以外，还包括与工作有关的各种角色。

舒伯发展出一个新的诠释职业和生涯的发展概念模式。他在1953年提出了10个基本主张，在之后出版的《职业发展：研究的架构》（Vocational Development：A Framework for Research）以及他与巴克拉奇合著的《科学的生涯和职业发展》（Scientific Careers and Vocational Development Theory）中，又进一步将10个基本主张发展为12个。

舒伯认为，人的每一个年龄阶段都与职业发展有着相互配合的关系，人的生涯发展会伴随着年龄的增长而递进，每个年龄阶段都有其生涯发展的任务。舒伯从终身发展的角度，结合职业发展形态，将生涯发展阶段划分为成长、探索、建立、维持与衰退五个阶段，其中有三个阶段与金斯伯格（见后文）的分类相近，只是年龄与内容稍有不同，增加了就业以及退休阶段的生涯发展。具体介绍如下。

1. 成长阶段（0—14岁）

此阶段的主要任务为：经由与家庭、学校中重要人物的认同而发展出自我概念。此阶段的重点之一是身体与心理的成长。个人通过经验可以了解周围环境，尤其是工作世界，并以此作为试探选择的依据。

成长阶段又包含三个子阶段，分别如下。

◇ 幻想（Fantasy，0—10岁）：以需求为主，角色扮演在此阶段很重要。

◇ 兴趣（Interest，11—12岁）：喜欢是期望从事某活动的主因。

◇ 能力（Capacity，13—14 岁）：能力占的比重较大，也会考虑工作要求的条件。

2. 探索阶段（15—24 岁）

此阶段主要任务：自我概念与职业概念的形成、自我检视、角色尝试、学校中的职业探索、休闲活动与兼职工作。

探索阶段的三个子阶段分别如下。

◇ 试探（Tentative，15—17 岁）：会考虑自己的需求、兴趣、能力、价值观与机会，并会通过幻想、讨论、课程、工作等尝试做试探性的选择。此时的选择会缩小范围，但因仍对自己的能力、未来的学习与就业机会不是很确定，所以现在的一些选择以后并不会采用。

◇ 过渡（Transition，18—21 岁）：更加考虑现实的状况，并试图将自我概念实施。

◇ 尝试（Trial，22—24 岁）：已确定了一个似乎较适当的领域，找到一份入门的工作，并尝试将它作为维持生活的工作。此阶段所选择的工作范围会更小，只选择可能提供重要机会的工作。

3. 建立阶段（25—44 岁）

此阶段主要任务：凭借尝试以确定前一阶段的职业选择与决定是否正确。若自觉决定正确，就会努力经营，打算在此领域久留。但也有一些专业的领域，还未尝试就已开始了建立阶段。

建立阶段的两个子阶段分别如下。

◇ 尝试（Trial，25—30 岁）：原本以为适合的工作，后来可能发现不太令人满意，于是会有一些改变。此阶段的尝试是定向后的尝试，不同于探索阶段的尝试。

◇ 稳定（Stabilization，31—44 岁）：当职业的形态都很明确后，便力图稳定，努力在工作中谋取一个安定的位置。

4. 维持阶段（45—64 岁）

此阶段主要任务：守住这份工作，继续将它做好，并为退休做计划。

5. 衰退阶段（65—死亡）

此阶段主要任务：在体力与心智逐渐衰退时，工作活动将改变，必须发展出新的角色，先是变成选择性的参与者，然后成为完全的观察者。

衰退阶段的两个子阶段分别如下。

◇ 减速（Deceleration，65—70 岁）：工作速度变慢，工作责任或性质亦改变，以适应逐渐衰退的体力与心智，许多人也会找份代替全职的兼职工作。

◇ 退休（Retirement，71 岁—死亡）：有些人能很愉快地适应完全停止工作这一状态，有些人适应困难、郁郁寡欢，有些人则是老迈而死。

在以上这些不同的阶段，个人所扮演的角色也不同，且通常要同时扮演几个角色，如子女、学生、工作者、配偶、家长等。舒伯设计了生涯彩虹图来表示不同角色在人生各个阶段的地位，如图 1-4 所示。

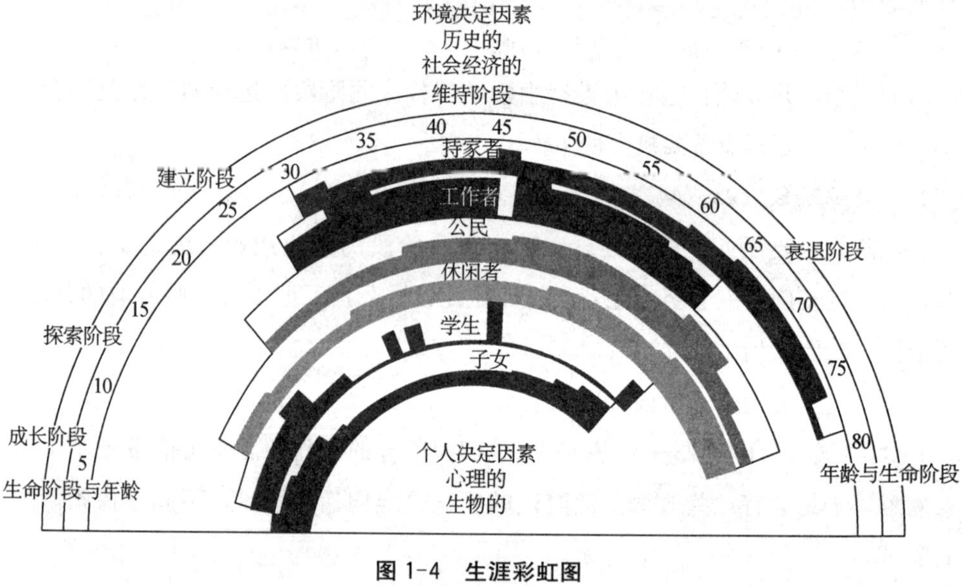

图 1-4 生涯彩虹图

在生涯彩虹图中，最外的层面代表横跨一生的“生活广度”，又称为“大周期”，包括成长期、探索期、建立期、维持期和衰退期。里面的各层面代表纵观上下的“生活空间”，由一组角色和职位组成，包括子女、学生、休闲者、公民、工作者、持家者等主要角色。各种角色之间是相互影响的，一个角色的成功，特别是早期角色的成功，将会为其他角色提供良好的基础；反之，某一角色的失败，也可能导致另一个角色的失败。舒伯进一步指出，为了某一角色的成功付出太大的代价，也有可能导致其他角色的失败。

彩虹图中的阴影部分表示角色的相互替换、盛衰消长。它除了受到年龄增长和社会对个人发展、任务期待的影响外，往往跟个人在各个角色上所花的时间和感情投入的程度也有关。从这个彩虹图的阴影比例中可以看出，成长阶段（0—14 岁）最显著的角色是子女；探索阶段（15—24 岁）则是学生；建立阶段（30 岁左右）是家长和工作者；维持阶段（45 岁左右）工作者的角色突然中断，又恢复了学生角色，同时公民与休闲者的角色逐渐增加，这正如一般所说的"中年危机"的出现，同时暗示这时必须再学习、再调适才有可能处理好职业与家庭生活中所面临的问题；衰退阶段（65 岁—死亡）最显著的角色是家长。

（二）克鲁姆伯尔茨（Krumboltz）：社会学习理论

社会学习理论是以社会学习的观点来解释人类生涯选择的行为，强调社会因素、学习经验等四类因素对生涯选择的影响。社会学习理论的核心观点如下。

(1) 生涯的选择，不仅反映个人自主的选择结果，也反映社会所提供的就业机会与要求。

(2) 生涯决定是人生长期的历程，不只是发生在一生中的某一阶段，而是由从出生到退休连续不断的各种事件与任务进行技巧所决定的。因而，必须在教育与生涯辅导中重视生涯决定技巧的教导。

(3) 遗传天赋、环境条件、学习经验和任务进行技巧等四类因素在不断地相互作用，从而形成个体对自己的能力、兴趣、价值观的推论，以及个体对世界的推论。

(4) 个体的行为是综合以前所有的学习经验、自我与世界的推论以及具备的各种能力的结果。

（三）克内菲尔坎姆（Knefelkamp）和斯列皮兹（Slipitza）：认知发展理论

克内菲尔坎姆和斯列皮兹于20世纪70年代提出了认知发展的生涯发展模式。他们将认知发展心理学上的发展阶段观念应用于生涯辅导中。认知发展理论的核心观点如下。

（1）个体的生涯认知也是有一个循序渐进的发展阶段的，他们对于生涯发展、生涯知识及生涯抉择的看法是从最简单的层级逐步向复杂多元的层级推进的。个体对这些不同区域的观点，会影响到他们整个生涯发展的方式。

（2）个体生涯认知发展过程的各个时期和阶段会呈现出不同的发展情形，认知过程将从简单的分法观点向复杂的多元化的生涯观点转变，并逐渐朝着对于个人的认同、个人的价值以及整体的生涯这三者关系进行整合，从而做出满意的生涯抉择。

（3）生涯辅导的目标在于促进个体对生涯发展各时期的认知，并以当前的时期和阶段为基准，提供一些挑战与支持，从而促使个体往下一个时期和阶段发展。

（四）金斯伯格（Ginzberg）：生涯发展阶段理论

美国著名的职业指导专家、职业生涯发展理论的先驱和典型代表人物——金斯伯格研究的重点是从童年到青少年阶段的职业心理发展过程。这个理论揭示了初次就业前人们职业意识或职业追求的发展变化过程。他将职业生涯的发展分为幻想期、试探期和现实期三个阶段，各个阶段的特点如下。

1. 幻想期

这个时期，儿童们对大千世界，特别是对于他们所看到或接触到的各类职业工作者充满了好奇。此时期职业需求的特点是：单纯凭自己的兴趣爱好，不考虑自身的条件、能力水平和社会需要与机遇，完全处于幻想之中。

2. 试探期

此时起，人的心理和生理在迅速成长发育和变化，有独立的意识，价值观念开始形成，知识和能力显著增长和增强，初步懂得社会生产和生活的经验。在职业需求上呈现出的特点是：有职业兴趣但不仅限于此，更多的是去客观地审视自身各方面的条件和能力；开始注意职业角色的社会地位、社会意义，以及社会对该职业的需要。

3. 现实期

即将步入社会，能够客观地把自己的职业愿望或要求，同自己的主观条件、能力以及社会现实的职业需要紧密联系和协调起来，寻找适合自己的职业角色。现实期所希求的职业不再模糊不清，已经有具体的、现实的职业目标，表现出的最大特点是客观性、现实性，讲求实际。

二、结构取向理论

生涯规划的结构取向理论的代表理论有帕森斯（Frank Parsons）的特质因素理论、霍兰德（John L. Holland）的人格类型理论、明尼苏达的工作适应理论、罗伊（Anne Roe）的亲子影响理论、鲍丁（Bordin）的心理动力理论、施恩（Edgar H. Schein）的职业锚理论等。

（一）帕森斯(Parsons):特质因素理论

帕森斯的特质因素理论又称人职匹配理论，特质因素论是最早的职业辅导理论。所谓“特质”，就是指个人的人格特征，包括能力倾向、兴趣、价值观和人格等，这些都可以通过心理测量工具来加以评量。所谓“因素”，则是指在工作上要取得成功所必需具备的条件或资格，这可以通过对工作的分析而了解。

1909 年，美国波士顿大学教授弗兰克·帕森斯在其《选择一个职业》的著作中提出了“人与职业相匹配是职业选择的焦点”的观点，被誉为是“职业辅导之父”。

特质因素理论的核心观点如下。

（1）个人有自己独特的人格模式，每种人格模式都有与其相适应的职业类型。

（2）在选择职业时，首先，需通过心理测量工具评估个人的能力，并对自己的态度、能力、兴趣等有一定的了解；其次，要了解各行各业达到成功的要求和条件、优缺点、酬劳、机会以及未来展望等；最后，要以个人和职业的互相配合作为职业辅导的最终目标。

（3）测验工具的使用和有关职业资料的提供是职业辅导的重心。特质因素论的一个突出特点是它着重于个人性向、成就、兴趣、价值观、人格与职业条件的匹配上，而没有关注到个人的特质与工作环境都是在变化的，即忽视了生涯发展的发展性。该理论假设每个人只有唯一的生涯目标及生涯决策，这样的观点缺乏动态性，缩小了个人职业选择的范围，与人们扩展生涯选择范围的期待相反，这也成了特质因素理论的局限所在，因而它逐渐被后来的生涯发展理论所取代。

（二）霍兰德（Holland）：人格类型理论

霍兰德是美国约翰·霍普金斯大学的心理学教授，长期从事职业咨询工作，并成为该领域的里程碑式人物。他的个性职业匹配理论（Typology Approach），又称职业人格类型理论、人业互择理论等，主要体现在《职业选择》（Making Vocational Choice）一书中。他认为，一个人之所以选择某职业领域，基本上是受到其兴趣和人格的影响，生涯选择是个人在对特定职业类型进行认同后，个人人格在工作世界中的表露或延伸。自我和职业认知的比较及后续的接纳或排斥是生涯选择中主要的决定因素。

霍兰德把个性类型划分为六种：实际型（realistic）、研究型（investigative）、艺术型（artistic）、社会型（social）、企业型（enterprising）、常规型（conventional）。个人可以通过自我测定来发现自己的个性类型，并依据个性类型来选择相应的职业。霍兰德编制了自我职业倾向测定量表（SDS）作为人格类型和职业倾向测定的工具，具有较强的实用性。霍兰德的个性类型分类和测定量表可以作为职业咨询和职业选择的初步依据。

（三）明尼苏达：工作适应论

工作适应论起源于美国明尼苏达大学一项旨在探索如何帮助残障人士适应工作的研究，由戴维斯与罗圭斯特（Dawis and Lofquist）于1964年提出，是对帕森斯特质因素论的进一步修正和改进，后发展为强调人境符合的心理学理论（Person-Environment Correspondence，PEC），该理论强调就业后的适应问题。

和传统的特质因素论一样，工作适应论也强调对工作者的能力、价值观、人格和兴趣的评定，以及这些因素和职业的相互关系，除此以外，它还强调一种工作的调适，即工作者不断寻求并完成和维持与工作环境之间的调和性。

工作适应论的核心观点如下。

（1）人与工作之间存在着互动的关系，适合与否是互动过程的产物，个人需求会变，工作的要求也会随时间或经济形势而调整，如个人能努力维持其与工作环境之间相互一致的关系，则个人工作满意度愈高，在这个工作领域也愈能持久。

（2）个人对自身工作的满意度，以及雇主所认为的员工工作的适合度是评估人职是否匹配的两个重要因素。

（四）罗伊（Roe）：亲子影响理论

罗伊是一位临床心理学家，她的人格影响理论在20世纪60年代初提出。她结合了自身在临床心理学方面的经验和对各类杰出人物的研究成果，综合精神分析论、马斯洛的需要层次理论等，建构了人格理论。

这一理论强调了儿童时期人格成长对职业选择的影响，强调职业选择是个体满足其心理需求的过程，而个体心理需求的性质与满足方式受到遗传与环境因素的交互影响。特别是早期经验，如家庭气氛、父母对待子女的态度，与子女未来职业选择行为有着密切的关系。她认为早年经验会增强或削弱个人高层次的需求，从而影响个人的生涯发展。

亲子影响理论的核心观点如下。

(1) 每个人天生就有一种扩展心理能量的倾向，这种内在的倾向配合着个体不同的儿童时期经验，形成个人需求满足的不同方式，而每一种方式对于生涯选择的行为都有不同的意义。

(2) 个人早期的家庭气氛与成年后的职业选择有着密切的关系，个人所选择的工作环境，往往能反映出幼年时期的家庭气氛。

与特质论和类型论关注个体自身特质对生涯选择产生影响不同，罗伊的人格理论从家庭环境的角度对个体做出不同的生涯选择进行研究，强调了家庭气氛、父母对待子女的态度等环境因素在生涯发展中的重要作用，丰富了匹配理论的研究视野。个体在职业选择过程中需要考虑自身的心理需求，要培养满足需求的能力，这种观点是富有意义的（见图 1-5）。

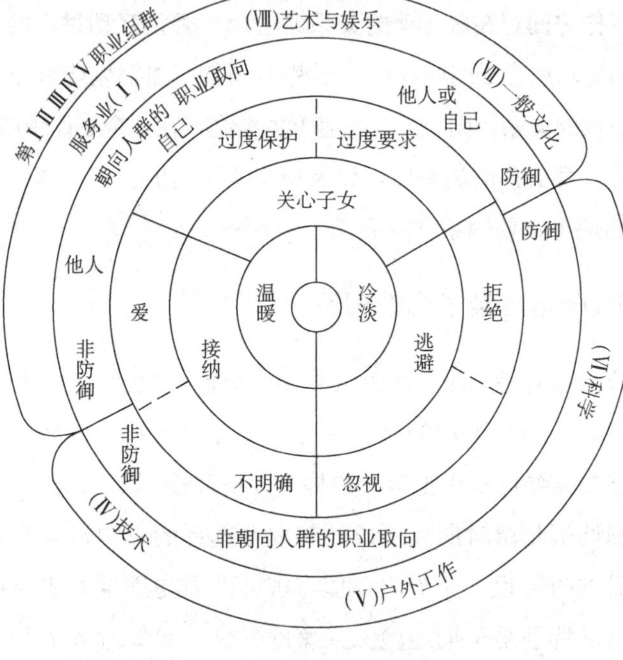

图 1-5 亲子关系与职业选择的关系（罗伊，1957）

但就罗伊的理论架构而言，该理论对与个体选择职业相关的一些其他因素基本都没有涉及，这也就成为人格理论的局限性所在。

（五）鲍丁（Bordin）：心理动力理论

鲍丁等人于20世纪60年代提出了心理动力论。心理动力论起源于精神分析，强调人的内在动力与需要等动态因素的心理作用在个人选择职业历程中的重要性，强调早期的双亲与儿童之间相互作用的重要性，该相互作用将在其后促进个人需要层次的确立。

心理动力理论的核心观点如下。

（1）职业是为了满足个人的需要，如果个人有自由选择的机会，一定会选择通过自我喜好的方式来寻求需求的满足，并且避免可能会引起焦虑的职业。

（2）个体早期经验所形成的适应体系、需要等人格结构，是最为重要的心理动力来源。它们影响个人的能力、兴趣及态度的发展，进而影响其日后的职业选择与行为。

鲍丁的心理动力理论与罗伊的人格理论的见解有相似之处，都认为个体早期家庭环境会对之后的职业选择产生深远的影响。但是此理论的局限在于，它过于偏重个体内在因素在职业选择中的作用，而忽视了个体所处的社会环境等因素，也太过注重个人早期经验对职业发展的影响。

（六）施恩（Schein）：职业锚理论

“职业锚”的概念是由美国的施恩教授提出的，是指当一个人不得不做出选择时，他无论如何都不会放弃的职业中的那些至关重要的东西或价值观，正如“职业锚”这一名词中“锚”的含义一样。职业锚实际上就是人们选择和发展自己的职业时所围绕的中心，是企业和个人进行职业生涯决策时的核心。

专家们经过长时间的研究，确定了八种基本的职业锚类型。它们的基本特点如下。

1. 技术/职能型职业锚

技术/职能型的人，追求在技术/职能领域的成长和技能的不断提高，以及应用这种技术/职能的机会。他们对自己的认可源于自身的专业水平，他们喜欢面对来自专业领域的挑战。他们通常不喜欢从事一般的管理工作，因为这将意味着他们要放弃在技术/职能领域的成就。

2. 管理型职业锚

管理型的人追求并致力于工作晋升，倾心于全面管理，独自负责一个部分，可以跨部门整合其他人的努力成果，他们想去承担整个部分的责任，并将公司的成功与否看成自己的工作。具体的技术/职能工作仅仅被看作是通向更高、更全面管理层的必经之路。

3. 自主/独立型职业锚

自主/独立型的人希望随心所欲地选择自己的工作方式、工作习惯和生活方式，追求能施展个人能力的工作环境，最大限度地摆脱组织的限制和制约。他们宁愿放弃提升或工作扩展的机会，也不愿意放弃自由与独立。

4. 安全/稳定型职业锚

安全/稳定型的人追求工作中的安全与稳定感，他们可以预测将来的成功从而感到放松。他们关心财务安全，例如退休金和退休计划。稳定感包括诚言、忠诚，以及完成老板交待的工作。尽管有时他们可以达到一个较高的职位，但他们并不关心具体的职位权责和具体的工作内容。

5. 创业型职业锚

创业型的人希望凭借自己的能力去创建属于自己的公司或打造完全属于自己的产品（或服务），而且愿意去冒风险，并克服面临的困难。他们想向世界证明公司是他们靠自己的努力创建的。他们可能正在别人的公司工作，但同时他们也在学习并评估将来的机会，一旦他们感觉时机到了，便会走出去创建自己的事业。

6. 服务型职业锚

服务型的人在工作过程中一直追求他们认可的核心价值，例如帮助他人、保障人们的安全、通过新的产品消除疾病等。他们一直追寻这种机会，即使这意味着变换公司，他们也不会接受不允许他们实现这种价值的工作变换或工作提升。

7. 挑战型职业锚

挑战型的人喜欢解决看上去无法解决的问题，战胜强硬的对手，克服无法克服的困难障碍等。对他们而言，参加工作或职业的原因是工作允许他们去战胜各种困难。新奇、变化和挑战困难是他们的终极目标。在他们看来，如果事情非常容易，工作会马上变得非常令人厌烦。

8. 生活型职业锚

生活型的人喜欢允许他们平衡并结合个人的需要、家庭的需要和职业的需要的工作环境，他们希望将生活的各个主要方面整合为一个整体。正因为如此，他们需要一个能够提供足够的弹性让他们实现这一目标的职业环境。为了达到这个目标，他们甚至可以牺牲职业的一些方面，如职位晋升等。他们将成功定义得比职业成功更为广泛，他们认为自己如何生活、在哪里居住、如何处理家庭事务等和工作是一样重要的。

第二章

2

探寻自我潜力

第一节　自我认知概论

案例探析

蚊子和狮子

有只蚊子飞到狮子那里，说："我不怕你，你也并不比我强多少。你的力量究竟有多大？是用爪子抓，还是用牙齿咬？仅这几招，女人同男人打架时也会用。可我却比你要厉害得多。你若愿意，我们不妨来比试比试。"蚊子吹着喇叭，猛冲上前去，专咬狮子鼻子周围没有毛的地方。狮子气得用爪子把自己的脸都抓破了，最后终于要求停战。

蚊子战胜了狮子，吹着喇叭，唱着凯歌，在空中飞来飞去，不料却被蜘蛛网粘住了。蚊子将被吃掉的时候，悲叹道："我已战胜了最强大的动物，却被这小小的蜘蛛所消灭。"

这是一只骄傲的蚊子，非常清楚自己在狮子面前的优势。这时候的它自信满满，很可爱。但可惜，它的自我认知是片面的，最终趋了利，却没能避了祸，"杯具"了！

（资料来源：伊索寓言。）

一、什么是自我认知

（一）自我

自我，是以人的躯体及其所属社会财富（社会资源）为基础的一种特殊心理过程，是在各种具体心理反应基础上形成的综合性心理过程，是各种心理过程的统一。自我是由“主我”和“客我”构成：“主我”是指主体自身活动于行为觉察的我，它执行自我的功能，支配自我活动；“客我”则是被观察被认识到的自我身心活动状况，它是自我的对象化，自己把自己作为心理对象，即“镜中我”。

（二）自我认知

自我认知，即个体对自己的各种身心状态的认识、体验和愿望，以及对自己与周围环境之间关系的认识、体验和愿望。一般而言，一个人的自我认知，是根据自己过去的经历，自己的成功或失败，他人对自己的反应，自己与环境中其他人的比较等方面形成的，它会因势力变，但个人的所有行为、感情和举止，甚至才能都始终与自我意识一致。

在生涯规划中，自我认知是起点，因为一个人要想获得生活和职业发展上的成功，必须要有清晰的自我认知。了解自己的优势、欠缺在哪，才可以按照成功的标准提高自身能力。倘若对自己想做什么、能做什么都没有概念，将很难选择合适的职业发展道路。相反，成熟的自我认知会增加个人对自身和环境的敏感度，从而能更好地权衡现实机会，获得职业成功。

自我认知主要包括以下内容。

（1）生理自我：个体对自己身体、生理状态的认识体验，如身高、体重、容貌、舒适度、疼痛等。

（2）心理自我：个体对自己的心理活动、个性特点、心理品质的认识，体验和愿望。如智慧、能力、性格、气质、兴趣、爱好、意志等的认识和体验。

（3）理性自我：个体的思维方式、思维方法、道德水准、情商等。

（4）社会自我：个体在社会上所扮演的角色，也包括对自身在客观世界中的地位、责任、名誉、力量、他人对自己及自己对他人的认识和体验。

（三）职业自我概念——与职业有关的自我认知

职业自我概念是美国职业心理学家舒伯的职业发展理论中的一个重要概念。自我概念（self-concept）是一个人对自身存在的体验，即一个人通过经验、反省和他人的反馈，逐步加深对自身的了解。而职业自我概念则是整体自我概念在职业选择和职业发展上的反映。同时，一个人对职业的选择及其职业行为又对他的职业自我概念乃至人的整体自我概念的发展起着重要的作用（见图 2-1）。

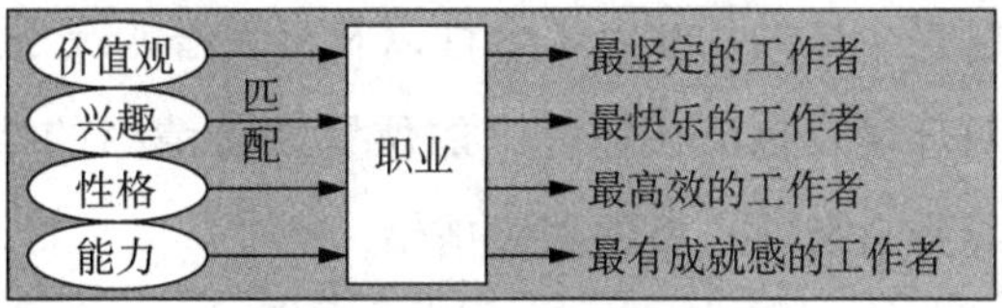

图 2-1　职业自我与职业的匹配

二、自我认知的重要性

总的来说，准确的自我认知解决的是四个方面的问题。

（一）解决“为什么”的问题

自我认知可以帮助了解思想、行为的动机和理由。它解决的任务是对要不要树立某个目标，要不要做出行动作出决策。这一过程解决不好的人，很难将任务坚持下来，发掘自己的潜能。

（二）解决“是什么”的问题

自我认知可以帮助了解思想、行为的结果和目标。它要解决的任务是对取得什么样的结果和达到什么样的目标进行决策。这一过程解决不好的人，则不能合理地估量和揣度事情的结果对其人生的意义，经常与成功失之交臂。

（三）解决“怎么样”的问题

自我认知可以帮助了解思想、行为的方法和策略。它要解决的任务是对方法和策略进行决策。这一过程解决不好的人，成天忙忙碌碌，却总是事倍功半。

（四）解决“在哪里”的问题

自我认知可以帮助了解理想、行为的环境因素和自然基础，它要解决的问题是个体的优缺点，个性以及有无潜能及条件等问题。这一过程解决不好的人，对环境及自己在环境中的位置缺乏清晰的认识，不是高估就是低估自己，从而导致自负或自卑的消极情绪。

三、职业自我认知的内容

通过对职业自我概念以及自我与职业关系的分析，我们发现与职业相关的自我是多方面的：既包括个体心理特性，比如性格、兴趣、价值观等；也包括个体的一些人口学特征，比如身体条件、性别、年龄等；此外，专业知识、实践工作经验、家庭环境等也是影响职业选择和发展的自我因素。

综合来看，职业自我认知可分为六个维度，每个维度又各自包含了三个或四个项目，详见图 2-2。

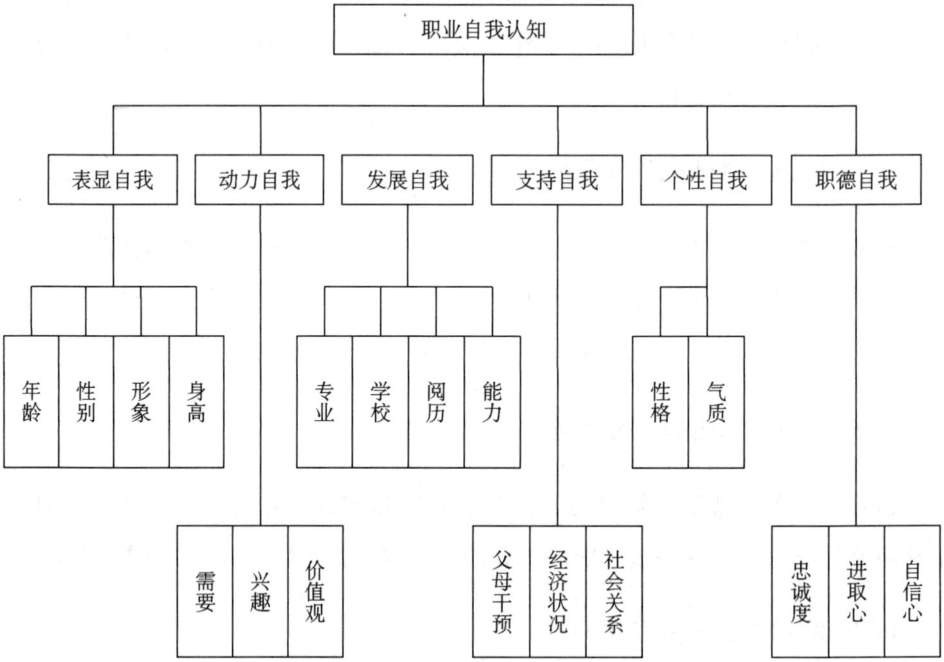

图 2-2 职业自我认知的六个维度

（资料来源：陈黄蕊，大学生职业自我概念与择业动机的关系研究 [D]，东南大学，2014 年。）

四、自我认知的基本原则

自我认知原则主要包括：适度性原则、全面性原则、客观性原则，发展性原则。

（一）适度性原则

指自我评价应该适当。不适当的自我评价不是过高的评价就是过低的评价。过高的评价往往使自己脱离现实，意识不到自己的条件限制，甚至自傲狂妄，由自信走向自负；过低的自我评价，往往忽视自我的长处，缺乏自信，过于自卑。过高或过低的自我评价，对自己都是不公正的。

（二）全面性原则

指自我评价应当全面。既要看到自己的优点和特长，又要看到自己的缺点和不足；既要对自我某一方面的特殊素质进行具体评价，又要对其他各个方面的整体素质进行综合评价；既要考虑到全面的整体因素，又要考虑到其中占主导地位的重点因素。

（三）客观性原则

自我评价还应当掌握客观性原则。尽管是自己对自己进行观察、分析和评价，但是毕竟需要以客观事实作为基础和依据。人贵有自知之明，“自知”的可贵之处，是与自知的不容易分不开的。

（四）发展性原则

自我评价时，应以发展变化的眼光看待自己。自我评价不但应对自己的现实素质作适当、全面、客观的评价，而且应当着眼于未来的发展变化，预见性地估计自己将来的发展潜力和前景。

五、自我认知的方法与技术

（一）自我认知的常见方法

1. 自我探索

（1）成长事件。

总结回顾从幼年时代开始的过去的生活，发掘曾经的志向，你可能会发现那正是你人生的起点。个人可利用“生命线”（见图 2-3）对成长事件进行概括提炼，并通览生活和工作的框架，从而帮助个人更好地了解自己，特别是对那些“不知道想做什么”的人来说，生命事件的梳理尤为重要。

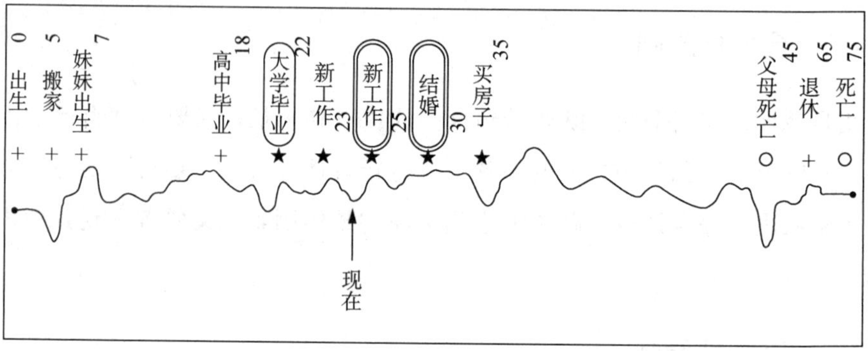

图 2-3　生命线示例

（2）自我现实分析。

通过整理过去“做过的事情”以及现在“能做的事情”，思考现在“想做的事情”的现实性及其现实方法。常见的是通过 SWOT 分析，详尽地列出自己的优势（strengths）、劣势（weakness）、就业环境中存在的机会（opportunities）、威胁（threats），做到“知己知彼”。从而做到有效地利用和发挥自己的优势，抓住机会，躲避风险，以免作出徒劳无益的决策。比如：优势优点方面，什么是我最优秀的品质？我曾经学习了什么？我曾做过什么？最成功的是什么？弱势缺点方面，我的性格有什么弱点？经验或经历上还有哪些缺陷？最失败的是什么？发展机会是什么？阻碍威胁是什么？从而给出总体鉴定，找到自己的闪光点。

2. 职业咨询

职业咨询是职业辅导的重要部分，与职业教育相比较，职业咨询更趋于个别化，更能够满足咨询者个别的需要。个人可以向职业咨询师寻求帮助，借助更专业的知识和技能，更好地认识自我，从而促进职业发展，找到适合自己的职业发展路线。

（二）自我认知的相关技术

1. 职业测评问卷

职业测评是一种了解个人与职业相关的各种心理特质的方法。准确地说，职业测评是一种心理测验，它是通过一系列的科学手段对人的一些基本心理特质进行测量与评估，最常见的是通过测评问卷的评估，分析个人的各种特点，再结合工作的特点，为个人的职业生涯设计提供指导，帮助个人进行职业选择，这也就是通常意义上所说的“人职匹配”。

2. 投射技术

这种评估技术，是通过被试者的心理活动产品（联想、回忆、绘画、故事等），根据经验或实证资料进行推论，间接地评估其中的表现和反映所投射出来的被试者的知觉、情绪、个性特征等。与一般的人格测验相比，投射测验注重整体人格的分析，而前者往往只能测量某些人格特质。投射测验同时还可以考察个人的智能、创造力、解决问题的能力。

3. 橱窗分析技术

橱窗分析技术是一种借助直角坐标不同象限来表示人的不同部分的分析方法。心理学家乔·鲁夫特与哈里·英格汉于20世纪50年代提出了“乔哈里窗（Johari window）”沟通视窗模型，这里的窗是指一个人的心就像一扇窗，普通的窗户分成四部分，人也如此，如图2-4。

◇ 开放我/公众我：属于自由活动领域，是自我最基本的信息，也是了解自我、评价自我的基本依据。

◇ 盲目我/背脊我：属于盲目领域，口臭就是最好的例子，所以国外有人称之为口臭区。

◇ 隐蔽我/隐私我：属于逃避或隐藏领域，如自私嫉妒是平常自己不愿袒露的缺点，心中的愿望雄心也是不敢告诉别人的部分。

◇ 未知我/潜在我：是处女领域，有待挖掘和发现，属于未知的盲点区。

自己对自己			
		了解	不了解
别人对你	了解	公开我 公开区 Open	背脊我 盲区 Blind
	不了解	隐私我 隐蔽区 Hidden	潜在我 未知区 Unknow

图 2-4　乔哈里窗

第二节　解析职业人格

人格是一个人在生活中对人、对事、对自己、对外在环境所表现出来的一致性反应方式。人格表现受环境的影响，是个体表现出来的独特而持久的特性。也就是说，人格是一个人习惯化的思维、情感和行为反映方式。

人格和职业的最佳匹配会促使个人成为更有效的工作者。同一职业类型或团体中往往聚集着人格相似的人，比如销售行业的人大多性格外向、会计行业人比较细心、教师行业乐于教导他人，等等。如果一个人所从事的职业与其人格类型是匹配的，他工作起来就轻松愉快、得心应手；反之，则会不适应、困难重重，给个人的发展和组织造成影响。

案例探析

人格与职业发展

中国古代教育家孔子非常重视人格在一个人职业发展中的作用。

季康子问：仲由可使从政也与？子曰：由也果，于从政乎何有？曰：赐也，可使从政也与？曰：赐也达，于从政乎何有？曰：求也，可使从政也与？曰：求也艺，于从政乎何有？

这段话的意思是：鲁国大夫季康子曾向孔子打听他几个得意门生的才干。季康子问子路能否从政，孔子说，子路个性相当果敢，对事情决断得太快，而且下了决心以后，绝不动摇。决断、果敢，可为统御三军之帅，而决胜于千里之外。如果要他从政，恐怕就不太合适，因为怕他过刚易折。季康子又问子贡能否从政，孔子说子贡太通达，把事情看得太清楚，功名富贵全不在他眼下。

像这样的人，往往可以做大哲学家、大文学家。因为他有超然的胸襟，也有满不在乎的气概。但是如果从政，却不太妥当，也许会是非太明。季康子又问冉求是否可从政，孔子说冉求是才子、文学家。诗、词、歌、赋、琴、棋、书、画，样样精通，名士气味颇大，也不能从政。

可见，一生仕途坎坷的孔子，对于人格对职业发展的重大影响已经有了深刻认识。

（资料来源：作者根据网络资料整理改写。）

一、人格概述

（一）人格的含义

“人格”一词，源于古希腊语，即舞台上演员戴的面具，不同的面具体现了角色的特点和任务性格，比如京剧中红脸代表忠义、白脸代表奸诈、黑脸代表刚强，心理学沿用其含义。人格，是一种心理现象，亦称个性，它反映了一个人总的心理面貌，是相对稳定、具有独特倾向性的心理特征的总和。它是在长期的社会生活实践中形成、发展起来的。包括气质、性格、能力、兴趣、爱好、需要、理想、信念等方面的内容，人与人之间显著的差别就在于人格。

（二）人格的分类

1. 卡特尔分类法

1949 年，卡特尔用因素分析法提出了 16 种相互独立的根源特质，并编制了《卡特尔 16 种人格因素测验》（16PF）。这 16 种人格特质是：乐群性、聪慧性、情绪稳定性、恃强性、兴奋性、有恒性、敢为性、敏感性、怀疑性、幻想性、世故性、忧虑性、激进性、独立性、自律性、紧张性。卡特尔认为在每个人身上都具备这 16 种特质，只是在不同人身上的表现有程度上的差异。

2. 塔佩斯分类法

20 世纪 80 年代，塔佩斯（Tupes）等人运用词汇学的方法对卡特尔的人格特质进行了再分析，发现了五个相对稳定的因素。提出了人格五因素模式，被称为“大五人格”。这五种人格特质如下。

情绪稳定性：焦虑、敌对、压抑、自我意识、冲动、脆弱。

外向性：热情、社交、果断、活跃、冒险、乐观。

开放性：想象、审美、情感丰富、求异、智能。

随和性：信任、直率、利他、依从、谦虚、移情。

谨慎性：胜任、条理、尽职、成就、自律、谨慎。

3. 荣格分类法

瑞士心理学家荣格根据两种态度——内倾与外倾，以及四种功能——思维、情感、感觉和直觉，将人格划分为八种类型：外倾思维型、外倾情感型、外倾感觉型、外倾直觉型、内倾思维型、内倾情感型、内倾感觉型、内倾直觉型。

二、人格与职业

职业心理学研究表明，人格影响着一个人对职业的适应性，一定的人格适合于从事一定的职业，同时不同的职业对人有不同的要求。作为一个个体，人们要想在职业生活中充分地施展自己的个性特点，获得尽可能大的自由感、满意感和适应感，那么就应该了解自己所属的人格类型及其职业适应性，实现人职的匹配。

下面就人格中的重要方面——性格与职业的匹配做一简单描述。因为人的性格本身非常复杂，涉及方方面面，所以对于性格的分类，不同的心理学家有不同的分类标准和分类方法。近年来，一些教育学、心理学研究人员根据我国的实际情况，将国人性格分为以下九种基本类型，并分别附上相应适合的职业，如表 2-1 所示。

表 2-1　性格类型和职业匹配

性格类型	性格特征	适合职业
变化型	在新的和意外的活动和工作中感到愉快，喜欢有变化的和多样的工作，善于转移注意力	记者、演员、推销员等
重复型	适合连续从事同样的工作，按固定的计划或进度办事，喜欢重复的、有规律的、有标准的工作	纺织、机械、印刷工、电影放映员等
服从型	愿意配合别人或按别人指示办事，不愿意自己独立作出决策、担负责任	办公室职员、秘书、翻译等
独立型	喜欢计划自己的活动，指导别人的活动或对未来的事情作出决定，在独立负责的工作情境中感到愉快	管理人员、律师、警察、侦查人员等
协作型	在与人协同工作时感到愉快，善于引导别人并想得到同事们的喜欢	社会工作者、咨询人员等
劝服型	通过谈话或写作等使别人同意自己的观点，对别人的反应有较强的判断力，善于影响别人的态度和观点	辅导员、行政人员、宣传员、作家等
机智型	在紧张和危险的情况下能自我控制、沉着应付，发生意外和差错时不慌不忙地出色完成任务	驾驶员、飞行员、消防员、救生员等
自我表现型	喜欢表现自己的爱好和个性，根据自己的情感作出选择，通过自己的工作来表现自己的思想	演员、诗人、音乐家、画家等
严谨型	注重工作过程的各个环节及细节的精确性，愿意按一套规划和步骤将工作尽可能做得完美，倾向于严格、努力地工作，以看到自己出色完成工作的效果	会计、出纳、统计员、打字员、图书管理员等

三、职业人格探索活动

目前，对于职业人格的探索已经发展出许多不同的方法，其中应用最广泛的是基于荣格心理理论的“梅尔-布瑞格斯心理类型指标”，即 MBTI 测试。这个测试是根据四个维度八个向度将人格分为 16 种类型。

（一）内向(I)—外向(E)维度

该维度用于表示个体心理能量的获得途径以及个人与外界相互作用的方式，

即个人的注意力多指向外部还是内部心理。内向的人倾向于将自己的注意力和精力指向内部精神世界，喜欢以安静的思考方式来加工信息；外向的人倾向于将注意力和精力指向外部世界，喜欢大量的活动，偏好于通过谈话讨论的方式来思考。外向型个体经常先行动后思考，内向型个人经常耽于思考而缺乏行动。

当思念朋友时——

I 型：好久没见，写封信表达一下思念之情……

E 型：好久没见，打个电话聊聊去……

你觉得自己的行为与哪种更相似？为什么那样做？

（二）感觉(S)—直觉(N)维度

该维度表示个体在收集信息时注意的指向，是倾向于利用各种感官去注意现实的、直接的，还是更关注事件未来的可能性，以及事件背后隐含的意义。感觉型的人相信感官能告诉他们关于外界的准确信息，相信自己的经验；直觉型的人重视想象力，更注重未来，并努力改变事物而不是维持它们的现状。

当听说昨晚有 UFO 降临江苏上空时——

S 型：绝对是胡说，昨晚我就在呀，没看见任何迹象……

N 型：UFO？外星人这么快就来拯救人类啦？我猜外星人既不是 ET，也不是长江 7 号那样，没准就是……

你觉得自己的思维与哪种更相似？为什么那样认为？

（三）思维(T)—情感(F)维度

该维度用于表示个人在做决定时采用什么系统，是客观的逻辑推理还是主观的情感和价值。思维型的人通过对情境做出的客观分析来做决定，注重因果关系，很少受个人情感的影响；情感型的人常常期望自己的情感与他人保持一致，其理性判断的依据是个人的价值观。

当你与他人意见不同时——

T 型：直接不讳，因为对就是对，错就是错，不需隐藏，这样对解决问题更有利。

F 型：尽可能避免伤害对方的情感，不同的意见放在私下交流好了。

你觉得自己的做法与哪种更相似？为什么那样做？

（四）知觉（P）—判断（J）维度

该维度用以描述个体的生活方式，即倾向于以一种固定的方式生活或是相对自然的方式生活。知觉型的人会不断地收集信息以使其生活保持弹性和自然，他们努力保持开放性，以便出现更好的事件；判断型的人则倾向于以一种有序的、有计划的方式对其生活加以控制。

当快要考试时——

P 型：时间还早，等到最后一周再好好复习吧！

J 型：还有一个月的时间，我得好好计划，安排下复习进度，不能到时候手忙脚乱的。

你觉得自己的做法与哪种更相似？为什么那样做？

最后，将这四个维度的类型综合起来，即形成了你自己的人格特征。如 ISFJ 型、ENFP 型、INFJ 型等。

四、职业人格特征

ESTP：内向感觉思维知觉型，这类人灵活、忍耐力强、实际、注重结果，喜欢积极地采取行动解决问题，喜欢物质享受和时尚，但对理论和概念上的认识感到不耐烦。

ESFP：外向感觉思维知觉型，这类人外向、友善、包容，接受能力强，热爱生命，热爱物质享受，热爱学习新技能，喜欢与别人共事；富有灵活性、即兴性，易接受新朋友和适应新环境。

ENFP：外向直觉情感知觉型，这类人热情而热心，富于想象力，认为生活充满很多可能性；能够很快地找出事件和资料之间的关联性，而且有信心依照他们看到的模式去做；很需要别人的肯定，乐于欣赏和支持别人。

ENTP：外向直觉思维知觉型，这类人思想敏捷、睿智，能激励他人，勇于发言；能随机应变地去应付新的和富于挑战性的问题；善于洞察、理解别人，有发展眼光，不喜欢例行公事。

ESTJ：外向感觉思维判断型，这类人讲求实际，注重现实，注重事实；果断，能够很快做出实际可行的决定；能够注意日常例行工作的细节；有一套清晰的逻辑标准，会有系统地跟着去做，会以强硬的态度去执行计划。

ESFJ：外向感觉情感判断型，这类人富有热情，有爱心，尽责，合作；渴望有和谐的环境，而且有决心营造这样的环境；忠诚，即使在细微的事情上也如此；能够注意别人在日常生活中的需要而努力提出帮助；渴望别人赞赏他们和欣赏他们所做的贡献。

ENFJ：外向直觉情感判断型，这类人高度关注别人的情绪、需要和动机；能够看到每个人的潜质，并乐于帮助别人发挥自己的潜能；忠诚，对赞美和批评都能做出很快的回应；社交活跃，有启发别人的领导才能。

ENTJ：外向直觉思维判断型，这类人坦率、果断、乐于作为领导者；很容易看到不合逻辑和缺乏效率的程序和政策，从而开展和实施一个能够顾及全面的制度去解决一些组织上的问题；这类人往往是博学多问的；能够有力地提出自己的主张。

ISTJ：内向感觉思维判断型，这类人安静而严肃，能够专注且透彻地学习；实际，有责任感，逻辑性强，并能够一步步朝着目标前进；重视传统和忠诚。

ISFJ：内向感觉情感判断型，这类人安静而友好，有责任感和良知，能够坚定地致力于完成他们的义务；全面、精确、忠诚、体贴，关心他人的感受。

INFJ：内向直觉情感判断型，这类人希望了解什么能够激励他人，对人有较强的洞察力，乐于寻求思想、关系、物质之间的意义和联系。

INTJ：内向直觉思维判断型，这类人在达成自己的目标时，有创新的想法和非凡的动力；其多疑、独立，对于自己和他人的要求较高。

ISTP：内向感觉思维知觉型，这类人灵活、容忍，有弹性，是冷静的观察者；但当有问题出现时，能迅速行动，找出可行的解决方法；能够分析哪些因素可以使事情进行顺利，又能够从大量资料中，找出实际问题的重心，重视效率。

ISFP：内向感觉情感知觉型，这类人沉静、友善、敏感和仁慈；欣赏目前和他们周遭所发生的事情；忠于自己的价值观，忠于自己所重视的人；不喜欢争论和冲突，不会强迫别人接受自己的意见和价值观。

INFP：内向直觉情感知觉型，这类人是个理想主义者，忠于自己的价值观及自己所重视的人；外在的生活与内心的价值观配合；有好奇心，很快看到事情的可能与否，能够加速对理念的实践。

INTP：内向直觉思维知觉型，这类人对任何感兴趣的事物，都要探索一个合理的解释；喜欢理念思维多于社交活动；在他们感兴趣的范畴内，有非凡的能力去专注且深入地解决问题；有怀疑精神，有时喜欢批评。

第三节　明确职业兴趣

如果你热爱自己所从事的工作，哪怕工作时间再长再累，你都不觉得是在工作，相反像是在做游戏。兴趣能够给人带来我们在才能或成就中所看不到的一些东西，这些东西就是人们想做的事情以及那些能使我们感到满意的事情。

一、兴趣与职业发展的关系

兴趣是指一个人力求认识、掌握某种事物并经常参与该种活动的心理倾向，或者说，兴趣是指人积极探索某种事物的认识倾向。当兴趣的对象指向某一职业时，就称之为职业兴趣。如果我们从事不同的活动时所产生的兴趣和满足感，工作就会让人感到内心愉悦。

大量研究表明，兴趣与工作满意度、职业稳定性和职业成就感之间都存在着明显的关联。兴趣是人们获得工作满意度、职业稳定性和职业成就感的重要影响因素。因此，职业生涯辅导也普遍将兴趣作为自我探索的一个重要方面，并研制出了多种量表来测量人们的职业兴趣。同时，对于工作世界的划分在很大程度上也是参照对职业兴趣的划分进行的。

职业兴趣与从事职业相吻合是最理想的情况。一个人如果能根据自己的爱好去选择职业生涯，他的主动性将会得到充分发挥。即使十分疲倦和辛劳，也总是兴致勃勃、心情愉快的；就算困难重重，也绝不灰心丧气，依然会想尽各种办法，百折不挠地去克服它，甚至废寝忘食。因此才有了“兴趣比天才重要”“兴趣是最好的老师”之类的至理名言。

案例探析

兴趣是最好的老师

莎士比亚小时候在家乡看过几次演出，对戏剧产生了浓厚的兴趣，经常和小伙伴一起演戏玩。后因父亲经商破产，莎士比亚只读了五年书就离开了学校。但他太热爱戏剧了，非常想在戏剧界发展，所以当听说当戏剧家要有丰富的知识时，他就刻苦自修，读了许多文学、哲学、历史书籍，还学习希腊文和拉丁文。

为了走近戏剧界，他22岁从家乡来到伦敦，先在一家剧院当马夫，给乘车来看戏的有钱人照料马匹，有空他就偷着看演出，细心琢磨剧情和角色。后来，他当了一个配角演员。他在向心中渴望的目标一步步靠近。莎士比亚从36岁开始写剧本，他勤奋学习，坚持不懈地进行创作，一生写了27个剧本，其中《罗密欧与朱丽叶》《哈姆雷特》等成了不朽的世界名作，他也成了世界上最伟大的剧作家之一。由此可见，通过对兴趣的认知，把自己有能力做的、感兴趣的事作为成功的目标，将会唤起人的主体意识，激发出人的巨大潜能，使之一步一步向目标靠近，最终不可阻挡地进入成功者的行列。

（资料来源：中国大学生在线。）

二、职业兴趣的分类

目前，人们对职业兴趣的分类大多参照的是霍兰德的类型理论。霍兰德把人的职业兴趣看作影响人与职业匹配的主要依据之一。他通过多年研究，提出人的职业兴趣主要有六种类型：实际型（realistic）、研究型（investigative）、艺术型（artistic）、社会型（social）、企业型（enterprising）、常规型（conventional）。同时，他从人格与环境相互作用的观点出发，将职业环境也分为相应的六种模式，不同的职业兴趣类型有与之相对应的职业环境类型。

（一）六种职业兴趣的特点

大多数人都可以被归类为六种人格类型中的一种：实际型、研究型、艺术型、社会型、企业型、常规型。

实际型的人具有顺从、坦率、谦虚、自然、坚毅、实际、有理、害羞、稳健、节俭等个人特征，喜爱实际操作性质的职业或情境，拥有机械和操作的能力，但比较缺乏人际关系方面的能力。

研究型的人具有分析、谨慎、判断、好奇、独立、内向、精确、理性、保守、好学、有自信等特征，喜爱研究性质的职业或情境，拥有科学和数学方面的能力，但较缺乏领导才能。

艺术型的人具有复杂、想象、冲动、独立、直觉、创意、理想化、情绪化、感情丰富、不重秩序、不服权威、不重实际等特征，喜爱艺术的职业或情境，有表达能力、创造能力，拥有艺术、音乐、表演、写作等方面的能力；重视审美价值与美感经验。

社会型的人具有合作、友善、慷慨、助人、仁慈、负责、善沟通、善解人意、富洞察力、理想主义等特征，喜爱社会性质的职业或情境，具有帮助别人、了解别人、教导别人的能力，但较缺乏机械与科学能力。

企业型的人具有冒险、野心、抱负、乐观、自信、冲动、追求享乐、精力充沛、善于社交、说服他人、获取注意、管理组织等特征，喜欢企业性质的职业或情境，具有语言沟通、说服、社交、管理、组织、领导方面的能力、较缺乏科学能力，重视政治与经济上的成就。

常规型的人具有顺从、保守、自抑、谦逊、坚毅、实际、稳重、重秩序、有效率等特征，喜欢传统性质的职业或情境，具有文书作业和数字计算方面的能力，重视商务及经济价值。

（二）六种职业环境的特点

同样在职业环境中，也存在六种类型：实际型、研究型、艺术型、社会型、企业型、常规型。

实际型职业环境需要从业者多与工具、机械打交道，需要具备一定的技术操作能力，如修理机械、电化工具、驾驶车辆等；典型的工作场所为建筑工地、工厂、汽车修理厂等。

研究型职业环境可让从业者发挥科学或数理方面的兴趣、能力，以寻求问题的解决；此工作环境鼓励工作者运用复杂和抽象的思考，创造性地解决问题，工作者亦需具备谨慎缜密和批判性思考、逻辑思考的能力，并需运用智慧独立工作。

艺术型职业环境相对自由、开放，鼓励从业者创造性与个性的表达，以非传统的方式来表现自己。

社会型职业环境鼓励人们具有弹性，且彼此了解，帮助他人解决难题，教导他人，对他人表现精神上的关爱，且愿意承担社会责任；工作环境强调理想、友善和慷慨等人类基本价值，这类人多半存在于教育、社会服务和心理健康等专业领域中。

企业型的职业环境促使从业者管理或说服他人，以达成组织或个人的目标。在此环境中，财物或经济上的问题很重要，有时需承担必要的风险，工作性质常与说服或销售有关，并且需提供升迁机会，以获取更多权力、地位和财富。

常规型的职业环境充满了组织和计划，要求从业者有一定的文书技巧、组织能力，及听取并遵从指示的能力。

每个人都在寻找一种环境，能够运用他的技能和能力、表达他的态度和价值观、处理适当的问题和承担一定的角色。一般来说，最为理想的职业选择就是个体选择与其个性类型相一致的职业环境。如研究型的人在研究型环境中学习和工作，这称为“人职协调”。当个人职业兴趣与职业环境特点一致时，将给个人带来较高的工作满意度、职业稳定性和职业成就感。反之，会导致无法决策、不满意的决策和缺乏成就感，产生迷茫、困惑、痛苦、对现状不满意、对未来失去希望等情绪，严重影响个人的工作和生活质量。

三、职业兴趣探索活动

我们可以利用霍兰德职业兴趣测评工具，来探索自己的职业兴趣倾向。下面的这个探索活动也改编自霍兰德理论。

假如地球太拥挤了，我们准备移民到一个新的星球，这个星球由六个岛屿组成，小岛有不同的特点，上面的岛民也各具风格。或许你会在这个岛屿生活很长时间甚至是一辈子，所以请慎重。现在我们开始选择，下面是对六个岛屿的描述。

A 岛——美丽浪漫岛。这个岛上到处是美术馆、音乐厅，弥漫着浓厚的艺术文化气息，岛民们保留着传统的舞蹈、音乐与绘画。许多文艺界人士都喜欢来到这里举行沙龙派对，寻求灵感。

C 岛——现代井然岛。处处耸立着的现代建筑，标志着这是一个进步的、都市形态的岛屿，岛上的户政管理、地政管理及金融管理都十分完善。岛民们个性冷静保守，处事有条不紊，善于组织规划。

E 岛——显赫富庶岛。该岛经济高度发展，处处是高级饭店、俱乐部、高尔夫球场。岛民性格热情豪爽，善于企业经营和贸易活动。岛上往来者多是企业家、经理人、政治家、律师等等。这些商界名流与上等阶层人士在岛上享受着高品质生活。

I 岛——深思冥想岛。这个岛平畴绿野，人少僻静，适合夜观星象。岛上有很多天文馆、科技博物馆、科学图书馆。岛民们喜欢天天钻研学问，沉思冥想，探究真知。哲学家、科学家和心理学家们常在这里开会，讨论学术，交流思想。

R 岛——自然原始岛。这是个自然生态优良的绿色之岛。岛上不仅保留有热带雨林等原始生态系统，而且建立了相当规模的植物园、动物园、水族馆，岛民以手工制造见长。他们自己种植花果，栽培蔬菜，修缮房屋，打造器物，制作工具。

S 岛——温暖友善岛。这个岛的岛民们都性情温和，乐于助人，对人十分友善。大家互助合作，重视教育后代。每个社区都能自成一个密切互动的服务网络，处处充满着人文关怀气息。

现在，请写下你的选择。思考为什么做出这样的选择，并与霍兰德职业兴趣类型比较，看看自己属于哪种职业兴趣。

四、对职业兴趣的认识误区

明确个人的职业兴趣是职业生涯规划的重要依据之一。大学生在寻找职业兴趣过程中要避免以下几个错误观念。

（一）把简单的喜欢、感兴趣当作职业兴趣

有些人看了几本小说，就认为自己应当去从事作家职业；有些人喜欢打游戏，就觉得自己应该去学计算机，而真的换到这些专业时，才发现并不适合。职业兴趣是要与将来的工作相关的，只有想清楚自己要从事什么样的具体工作，并对工作的内容、职责、性质等特点有所了解，且乐于准备可以达到工作要求的知识技能时，才谈得上是真正的职业兴趣。

（二）从事自己感兴趣的工作，就意味着轻松愉快

做自己感兴趣的工作是快乐的，甚至可以激发工作热情，但并不一定轻松。实际上，不管何种工作，都要付出努力和辛劳才能取得成就，做出成绩。另外，有的时候坚持自己的职业兴趣，还要付出经济报酬和社会地位的代价，毕竟不是所有人都会对待遇高、地位高的职业感兴趣。

（三）不是自己的兴趣工作就不做

能从事自己有兴趣的职业是每个人的理想，但职业选择除了兴趣以外，还要综合考虑性格、能力等问题，这也是理想与现实的差距和矛盾。有调查显示，有60%多的大学生正在就读自己不喜欢的专业，有50%的职场人正在做着自己

不感兴趣的工作。但由于各种原因，大家也只能面对现实。因此，很多人需要在现实中追求自己的理想，立足于现实，把自己所不喜欢的工作做好，并在这个过程中培养兴趣、积累技能、寻找新的机会。这种曲线救国的方式，也未尝不可。

第四节　认清职业价值观

在许多场合，我们往往要在一些得失中做出选择，而左右我们选择的往往是我们的职业价值观。例如是要工作舒适轻松，还是高薪，要成就一番事业还是要安稳太平？当两者有冲突时，最终影响我们决策的是存在于内心的职业价值观，而我们有时对自己的价值观并不是很清楚。因此需要深入了解自己的职业价值观倾向，为自己选择理想的职业导航。

一、职业价值观概述

价值观是指个人对客观事物对自身行为结果的意义、作用、效果和重要性的总体评价，是对什么是好的、什么是应该的总的看法，是推动并指引一个人作出决定、采取行动的原则与准则，是个性心理结构的核心因素之一。

职业价值观是指人生目标和人生态度在职业选择方面的具体表现，也就是指一个人对职业的认识和态度以及他对职业目标的追求和向往。理想、信念、世界观对于职业的影响，集中体现在职业价值观上。每种职业都有各自的特性，不同的人对职业意义的认识和职业的好坏有着不同的评价和取向，这就是职业价值观。

二、职业价值观的分类

1. 帮助·贡献型

该类型的人认可的核心价值是自己的工作和知识能对他人和社会有所帮助。这种类型的人富有同情心，关心他人，他们把他人的痛苦视为自己的痛苦，不愿干表面上哗众取宠的事，把默默地帮助不幸的人视为无比快乐的事。他们总是为他人着想，把直接为大众的幸福和利益尽一份力作为自己的追求。希望自己的付出对社会是有帮助的。他人会因为自己的行为而受惠颇多。

适合医生、教师、警察等社会型工作。

2. 审美·艺术型

该类型的人希望自己的工作能有机会多方面地欣赏周围的人、事、物，或任何自己觉得美丽且有意义的事物，并且希望自己的工作成果能够使这个世界更加美丽或能使他人也有美的感受。这种类型的人通常具备一定的艺术才能，感情丰富，富有创造力和想象力。

适合画家、设计师、音乐家、舞蹈家等艺术型工作。

3. 思考·创新型

该类型的人希望工作能使自己在智慧、知识与人生的体会上有所提升。他们在工作中追求知识上的刺激，经常不断进行智力上的操作，喜欢动脑子思考问题，坚持学习以及探索新事物，解决新问题。这种类型的人知识渊博，有才能，想法新颖，十分重视在工作中是否能提供学习和进修的机会，注重个人发展。

适合研发人员、学者等研究型工作。

4. 成就·实现型

该类型的人希望自己的工作能受到他人的认可，对工作的完成和挑战成功感到满足。这种类型的人在工作中目标明确，有强烈的发展和提升意识。他们一心一意想发挥个性，实现自我，尽力挖掘自己的潜力，施展自己的的本领，追求目标的实现和他人的肯定，并视此为有意义的生活。

适合项目经理、公司管理等企业型工作。

5. 自主·独立型

该类型的人对工作的自主性要求比较高，希望随心所欲安排自己的工作方式、工作时间、工作习惯。追求能充分发挥自己独立性、自主性和完全施展个人能力的工作环境，他们按照自己的方式、步骤或想法去工作，不受他人的干扰和制约，宁愿放弃提升或加薪工作发展机会，也不愿意放弃自由与独立。

适合高校教师、科技工作者、设计师、作家等艺术型、研究型工作。

6. 地位·声望型

该类型的人自尊心强，渴望能有社会地位和名誉，希望常常受到众人尊敬。他们希望自己的工作有较高的社会地位，比较受人尊敬，能使自己得到社会的认同。

适合教师、公务员、医生、高层管理人员等研究型、社会型、企业型工作。

7. 影响·支配型

该类型的人能够影响或控制他人，使他人照着自己的意思去行动。通常善于决断，工作作风凌厉，做事有担当。他们追求并致力于成为管理者，希望可以整合其他人的努力成果，并将组织的成功与否看成衡量自己工作的标准。

适合部门经理、高级主管、校长等管理型工作，职业倾向主要体现为企业型和一部分社会型工作。

8. 报酬·财富型

该类型的人希望选择的工作能够给予他们足够多的经济回报，他们往往确信没有钱在这个世界上是万万不能的，认为人与人之间最主要的关系是金钱关系，他们在选择工作的时候，更多地是考虑这份工作是否能够明显、有效地改变自己的财务状况。

适合高薪类的企业型工作。

9. 社交·人脉型

该类型的人希望通过工作认识各种各样的人，结交新朋友，形成自己的人脉。这种类型的人为人热情，善于与人交往，对于参加各种活动乐此不疲。

适合销售、市场、人力资源、教师、咨询师等社会型、企业型工作。

10. 安全·稳定型

该类型的人追求工作中的安全与稳定感，希望远离突如其来的变动。他们因为能够预测到稳定的将来而感到放松。他们关注公司的稳定、工作的保障和收益的安全。

适合公务员、教师、医生等稳定型的工作。

11. 舒适·安逸型

该类型的人希望工作环境舒适、优越，各类设备齐全。会导致焦虑、紧张和恐惧情绪的工作会令他们十分厌恶，他们追求的工作气氛轻松、工作压力小，能够使他们心平气和地处理事务。

办公室人员等工作环境好、工作压力小的工作比较适合这种类型的人。

12. 团队·融洽型

该类型的人重视工作中人与人之间的关系，希望能建立良好的同事关系，他们认为友好、轻松、团结的集体能让他们更好地工作。

科研人员、技术人员、培训师等需要良好团队合作的工作比较适合。

13. 新奇·冒险型

该类型的人喜欢面对来自专业领域的挑战，喜欢解决看上去无法解决的问题，战胜强硬的对手，克服无法克服的困难等等。他们充满工作热情，千篇一律的工作对他们没有任何吸引力，新奇、变化、冒险和各种困难才是他们工作的动力。遇到困难，他们一般也会舍弃传统的方法，而选择创新的方法来解决。

证券、投资类人员等企业型工作比较适合该类人员。

14. 规则·秩序型

该类型的人希望自己的工作有条理、有秩序，有很强的计划性。这种类型的人一般细心、仔细，工作一丝不苟，希望自己的任务有明确的规范和要求。

助理、会计等事务型工作比较适合该类型的人。

三、价值观与职业发展的关系

价值观是一种基本信念，带有判断的色彩，代表了一个人对于什么是好，什么是对，什么会令人喜爱的意见。由于个人的身心条件、年龄阅历、教育状况、家庭影响、兴趣爱好等方面的不同，人们对各种职业有着不同的主观评价。从社会来讲，由于社会分工，各种职业在劳动性质的内容、劳动难度和强度、劳动条件和待遇、所有制和稳定性上都存在差别，再加上传统的思想观念的影响，各类职业在人们心目中的声望地位也有好坏高低之见，这些评价都形成了人们的职业价值观，影响着人们对就业方向和具体职业岗位的选择。大量研究表明，个人总是倾向于选择那些能满足其价值观追求的工作。

触类旁通

大学生的不良职业价值观

从理论上来说，价值观的差异没有好或者坏。而且价值观也无法预测职业发展能否成功，但对于大学生来时，不良的职业价值观确实会影响到他们将来的求职和就业。

1. 过分注重薪酬和待遇

求职时把目标单位的福利待遇放在首位，并且作为考虑取舍的唯一标准，这样的职业价值观，常常忽视自己与职业要求之间的差距，其弊端显而易见。

2. 期望工作趣味化

期望从职业中得到趣味化的享受。当工作做出成就时，个人会有满足感，但这并不意味着工作与个人兴趣的完全对应。如果过分追求工作对心理乐趣的满足，个人将会对工作中一些琐碎或程序化的东西感到厌烦。片面要求工作多变、乐趣无限是不现实的。

3. 要求工作有充足的自由和自主

在越来越看重个人表现的时代背景下，不少大学生都要求工作有充足的自主性，有足够的空间自我表现。因此对于那些需要从基层做起、从基础工作做起、按照他人要求做起的工作不屑一顾。无疑，这种想法或价值观会大大阻碍大学生职业生涯的发展。

4. 一味希望工作提升技能

对于职业的成就实现目的要求过高，恨不得能通过几个月的工作就能成长为公司骨干，一味强调用人单位给予培训、晋升，表现得过于急功近利。职业技能的提升是个循序渐进的过程，有时是在无形中发生的，关键是自己日常工作中的努力用心。

（资料来源：作者根据网络资料整理改写。）

四、职业价值观探索活动

职业价值观的探索可以通过一些简单易行的方法，如职业价值观测量、职业价值观清单以及价值拍卖会等。以价值拍卖为例：

职业价值观拍卖——价值观探索活动

目的：协助澄清个人的职业价值观；

道具：锤子、价值拍卖清单；

过程：在表2-1中，列有十五个与职业有关的价值项目。请你根据这些职业价值在自己心目中的优先地位排序，1表示最重视，5表示最不重视，填在表2-1中的第一栏内。假设你手里有十万元，对于各个工作价值项目，你愿意花多少钱买？请将自己预估的数额在表2-2中第二栏内填写。

注意事项：

（1）不必每项都买。

（2）拍卖时，如你想对某一项出价，起价不得少于一万元。

（3）拍卖时，可以更动原定的价码，但如你想加价，每次加价至少一千元。

表2-2　价值拍卖清单

职业价值项目	顺位	预估价	成交价	得标人	得标人承诺
1. 为大众福利尽一份力					
2. 追求美感与艺术气氛					
3. 寻求创意，发展新事物					
4. 独立思考，分析事理					
5. 有成就感					

（续表）

职业价值项目	顺位	预估价	成交价	得标人	得标人承诺
6. 独立自主，依己意进行					
7. 受他人推崇并尊敬					
8. 发挥督导或管理他人的能力					
9. 有丰厚的收入					
10. 生活安定有保障					
11. 良好舒适的工作环境					
12. 与主管平等且相处融洽					
13. 与志同道合的伙伴一起工作					
14. 能选择自己喜爱的工作方式					
15. 工作富有变化不单调					

第五节　探索职业能力

如果说职业兴趣或许能决定一个人的择业方向，以及在该方面所乐于付出努力的程度，那么职业能力则能说明一个人在既定的职业方面是否能够胜任，也能说明一个人在该职业中取得成功的可能性。

一、能力的分类

人们的能力可分为一般能力和特殊能力两大类。一般能力通常指智力，是那些完成各种活动都必须具备的某种能力，包括注意力、观察力等。特殊能力是在某些专业和职业活动中表现出来的能力，也可以称之为特长，如音乐能力、绘画能力、机械操作能力等。

（一）一般能力与职业

一般能力包括注意力、观察力、记忆力、思维能力和想象力等。不同职业对人的一般能力要求程度有所不同，比如律师、工程师、科研人员等对从业者的一般能力要求较高。个人的一般能力，即智力在很大程度上决定其所能从事的职业类型。

（二）特殊能力与职业

特殊能力是指从事各项专业活动的能力，如计算能力、音乐能力、语言表达能力、组织能力等。需要完成某项工作，除了要具备一般能力外，还要具有该项工作所要求的特殊能力，比如从事律师就要求有很强的逻辑推理能力和语言表达能力，而从事建筑工程师就要有较强的空间判断能力和一定的审美能力。

思维拓展

能力的含义

能力一词，包含三种含义：一是天生的智力；二是经后天学习和发展出来的技能；三是个人的能力倾向，即潜力。在招聘求职过程中，对个人能力的评判更看重技能和潜能，尤其是技能。企业寻找的是那些掌握一定技能，能够根据岗位需要去完成某项任务或解决某类问题的人。岗位往往只是满足这些技能要求的一个组合名称。

而技能又可分成三个基本的类别：功能性或可迁移性机能、工作内容或专业知识性机能、适应性或自我管理技能。这三种技能是胜任任何一份工作都不可缺少的。

（资料来源：作者根据网络资料整理改写。）

二、能力与职业发展的关系

能力是指顺利完成某种活动所必须具备的一种心理特征或心理条件，能力是个人职业选择和职业成功的基础。职业能力即是劳动者从事社会生产活动的能力，不同职业对人的能力有不同要求，能力制约着人们活动的领域与职业选择的范围。

职业能力是职业选择和发展中最为现实的方面，前面我们谈到的兴趣、人格和价值观，都是对职业的倾向和期望，而职业能力可以使我们的职业理想与现实有机地结合起来，使理想落到实处。因为，无论什么职业总要有一定的能力保证，没有能力，也不可能有机会进入相关的职业领域。另外，一个人如果不能很好地评价自己的能力，错误地选择职业，将无法发挥出自身的潜力，也将一事无成。

总而言之，职业能力是胜任某种职业的必要条件，而相关的职业实践和培训是职业能力发展的前提；同时，职业能力也是个人发展和创造的基础，职业能力越强，越能给人带来好的工作绩效，从而进一步产生职业成就感。

三、职业能力探索

（一）成就经历分析

每个人都是通过一次次或大或小的成就事件来积累和检验自己在某方面的才能。我们可以回顾曾经的成就经历，思考自己在哪些方面做出过成绩，而这次成功又运用了哪些方面的才能和技巧。这些成就事件和经历正是个人拥有的资历和能力的证据。通过记录、回忆和剖析自己的成就事件经历，我们可以充分挖掘自己的能力，找到那些常常被我们所忽略的个人才能。

你可以列举出你的5—7个成就经历，可以来源于学习、活动、实习或实践，尽可能写出过程细节，并分析在此过程中运用了哪些能力。

（二）职业能力测试

为了探索自己的能力，或就你的能力而言判断某个特定的职业领域是否合适，可以借助一些能力倾向测验。能力倾向测验可以区分为多重能力倾向测验和特殊能力倾向测验。多重能力倾向测验是由测试各种不同能力的分测验组成，可以一般地了解人的潜能方向，而特殊能力测验只能了解能力的某一特殊方面的情况。

1. 多重能力倾向测验

多重能力倾向测验最常用的是区分能力倾向测验（differential aptitude tests，简称DAT）和《一般能力倾向测验》（general aptitude test battery，简称GATB）。

DAT的8个分测验是单独施测、单独记分的，这8个分测验如下。

言语推理（VR）——测量普通智能，采用文字形式的类比题目；

数字能力（NA）——测量普通智力，采用计算题，不用文字题，以避免受到其他无关能力的干扰；

抽象推理（AR）——测量非言语推理能力，亦属普通智力；

文书速度和准确性（CSA）——测量完成一件简单知觉任务的速度；

机械推理（MR）——测量对表现于熟悉情境中的机械和物理原理的理解力；

空间关系（SR）——测量想象和在心理上操作有形材料的能力；

拼写（SP）——指出拼写正误，测量英文水平；

语言运用（LU）——找出语法或惯用法错误，测量语文水平。

GATB 最初由美国劳工部从 1934 年起花了多年时间研究制订，专为国家就业服务机构的顾问们使用，可用来为中学生的专业定向和成功谋职提供帮助。目前全套测验包括 12 个分测验，总共可得到 9 个因素的分数，这 9 个因素如下。

G. 一般学习能力（智力）：把测量 V、N、X 因素的三个测验（词汇、类比推理、三维空间）的分数相加得到；

V. 言语能力倾向：由要求被试指出每一组词中两个意义相同或相反的词汇测验来测量；

N. 数字能力倾向：由计算和算术推理两个测验测量；

S. 空间能力倾向：由三维空间测验来测量，包括理解三维物体的二维表示及想象三维运动的结果；

P. 形状知觉：由两个测验测量，一个是匹配画有同样工具的图画，另一个是匹配同样的几何形状；

Q. 文书知觉：与 P 类似，但要求匹配名称，而不是匹配图画或形状；

K. 运动协调：由一个简单的纸笔测验测量，要求被试在一系列方格中用铅笔做出特定的记号；

F. 手指灵巧：由装配和拆卸铆钉与垫圈的两个测验来测量；

M. 手的敏捷：由在一个木板上传递和翻转木桩的两个测验来测量。

测量F和M的4个分测验需要简单的用具，其他几个都是纸笔测验，前面7个测验有替换的复本，整套测验组的施测大约需两个小时。

2. 特殊能力倾向测验

特殊能力倾向测验是鉴别个体在某一方面是否具有特殊潜能的一种工具。这类测验最初是为了弥补智力测验的不足而编制和使用的，最早出现的特殊能力倾向测验是机械能力倾向测验。由于职业选拔与咨询的需要，各种机械、文书、音乐及艺术能力倾向测验纷纷出现，同时视力、听力、运动灵敏度方面的测验也广泛应用于工业、军事上的人事选拔与分类。

特殊能力倾向是相对于一般智力而言的，一些传统的特殊能力倾向，如机械和文书，现在都已并入某些多重能力倾向测验中。但特殊能力倾向测验还是很有必要的，这土要是因为多重能力倾向测验很少涉及视力、听力、运动技能及艺术才能等领域，因为它们的情况较特别，即使在多重能力倾向测验中包含有特殊能力倾向，有时也需要与学业能力倾向测验、特殊能力倾向测验结合使用，因为特殊能力倾向测验有广泛的常模和效度资料。另外，特殊能力倾向测验具有很大的弹性，既可以结合使用，也可以单独使用。

思维拓展

有关职业能力的两个小测试

有关合作能力的小测试

是　　否　　（1）我喜欢在别人的领导下完成工作。

是　　否　　（2）我不喜欢参加小组讨论。

是　　否　　（3）与陌生人一起讨论时，我会放不开。

是　　否　　（4）我喜欢与人一起分担一项工作。

是　　否　　（5）我与周围人的关系很和谐。

是　　否　　（6）我觉得自己要比别人缺少伙伴。

是　　否　　（7）很少有人可以让我感到可以真正信赖。

是　否　（8）我时常感到寂寞。

是　否　（9）我相信大合作大成就，小合作小成就。

是　否　（10）我感到自己不属于任何圈子中的一员。

是　否　（11）我与任何人都很难亲密起来。

是　否　（12）我的兴趣和想法与周围人不一样。

是　否　（13）我常感到被人冷落。

是　否　（14）没人很了解我。

是　否　（15）在小组讨论时我感到紧张不安。

是　否　（16）我善于把工作分解开让合适的人一起做。

是　否　（17）我感到与别人隔开了。

是　否　（18）我感到羞怯。

是　否　（19）我要好的朋友很少。

是　否　（20）我只喜欢与同我谈得来的人接近。

合作能力测试结果分析如下。

每题均有两个测试结果，即“是”和“否”。答一个“是”得 1 分，答“否”得 0 分。得分在 12 分以上表示合作能力亟待提高；8 分—11 分表示一般；5 分—7 分表示合作能力较好；4 分以下表示合作能力非常好。

如果你的合作能力有待提高，那么你需要听听以下建议。

a. 借鉴合作成功者的成功合作经验，总结合作失败的教训，为己所用。

b. 善于发现别人的优点，并能不吝赞赏，发挥其长处的能力。

c. 与合作者求同存异。

思维能力倾向测试

人们的思维能力倾向有三个基本方面，这就是形象思维、抽象思维、运动思维。我们可以通过下面的测试大致了解自己的思维倾向，从而找到自己的真正优势。

本测试题共 15 道，下面开始测试。

（1）我经常能找到自行车故障之所在。

(2) 在去城里某个地方之前，会想出各种可能的道路。

(3) 我的文章写得不错。

(4) 家里的小电器坏了，都是我自己修理。

(5) 能准确地运用绘画、舞蹈表达自己的想法和情绪。

(6) 总能用不同的词语表达同一事物。

(7) 能较快地学会变换复杂的体形运动。

(8) 能制作复杂的机械图形。

(9) 能把自己看到的各种现象进行概括，找到其中的共性。

(10) 学开车学得快。

(11) 平时思考问题时总是借助脑中的图像。

(12) 较能准确地理解别人认为乏味的理论。

(13) 别人曾夸我手巧。

(14) 平时总喜欢以概念、符号来进行思考。

(15) 对音乐敏感。

计分评估：每道题答“是”的得 1 分，答“否”的得 0 分。将 1、4、7、10、13 题的得分加起来为 A，将 2、5、8、11、15 题的得分加起来为 B，将 3、6、9、12、14 题的得分加起来为 C。

在以上 A、B、C 三个分数中，如果 A 最大，表明你的动作思维比较好，适于从事形体运动一类的职业；如果你的 B 最大，表明你的形象思维很好，你在艺术表达方面的职业上可以胜任；如果你的 C 最大，则表明你有相当好的抽象思维能力，以后从事理论研究比较合适。

第三章

3

▸▸▸ 聚焦自己的职业方向

第一节　职业生涯决策

决策与选择贯穿人的一生，直接影响个人生涯满意的程度以及自我实现的感受。在生涯发展过程中，每个人都会面临许多抉择，需要个人做出明智的决定，这就是职业生涯决策。大学生的职业生涯决策是一个庞大的系统工程，涉及面广、内容丰富，不仅要受到学生本人的自我认知能力、职业认知能力和决策能力的影响，也受社会大环境的影响。

一、职业生涯决策的内涵

（一）决策

决策就是“做出决定”“拍板”。决策是为了达到一定的目标，从两个或两个以上的可行方案中选择一个合理方案的分析判断过程；是个人对将要进行的重要问题，或将要从事的重要工作做出审慎的最后决定。具体而言，决策是指个人将数据加以组织，而后在许多可能的选择项目中加以评估、选择、确定，并承诺付诸实施的一个过程。

（二）职业生涯决策

关于人的职业选择和生涯发展的决策被称为职业决策、生涯决策或职业生涯决策。

职业生涯决策是综合了个人对自我的认识以及对教育与职业等外在因素的判断，面临生涯抉择情境时所做的各种反应，其构成要素包括：决策者个人目标、可供选择的方案与结果，以及对各个结果的评估。而其过程与结果，则受到机会、结构、文化等社会因素，以及个人价值观与其他内在因素的影响。

（三）职业生涯决策的内容

具体来说，职业生涯决策包括以下内容。

（1）选择何种专业与行业；

（2）选择行业中的哪一种职业；

（3）选择怎样的策略来获得某一特定的工作；

（4）从数个工作机会中选择其一；

（5）选择工作地点；

（6）选择工作的取向，即个人的工作作风；

（7）选择生涯目标或系列的升迁目标。

二、职业生涯决策风格

（一）斯科特与布鲁斯的分类

美国职业生涯专家斯科特（Scott）和布鲁斯（Bruce）于 1995 年认为，决策风格是在后天的学习经验中逐渐形成的，并且将决策风格划分为五种类型：理智型、直觉型、依赖型、回避型和自发型。

1. 理智型

以周全的探求、对选择的逻辑性评估为特征。理智型的决策者具备深思熟虑、善于分析、逻辑严密的特性。这类决策者会评估决策的长期效用，并以事实为基础做出决策。理智型决策风格是比较受推崇的决策方式，强调综合全面地收集信息、理智地思考和冷静地分析判断，是其他决策风格的个体需要培养的一种良好的思考习惯。但理智型的决策风格也并不是理想的、完美的决策方式，即使采用系统的、逻辑的方式，决策者也会出现因为害怕承担决策的后果而不能整合自己和重要他人观点的困扰。

2. 直觉型

以依赖直觉和感觉为特征，比较关注内心的感受。直觉型的决策风格以自我判断为导向，在信息有限时能够快速做出决策。当发现错误时能迅速改变决策。由于以个人直觉而不是理性分析为基础，这类决策发生错误的可能性较大，因此，易造成决策不确定，容易让人丧失对直觉型决策者的信心。

3. 依赖型

以寻求他人的指导和建议为特征。依赖型的决策者往往不能够承担自己做决策的责任，允许他人参与决策并共同分享决策成果，会受到他人的正面评价，但也可能因为简单地模仿他人的行为导致负面的反应。依赖型的决策者需要理解生活中重要他人对自己的影响程度。

4. 回避型

以试图回避做出决策为特征。回避型的决策风格是一种拖延、不果断的方式。面对决策问题会产生焦虑的决策者，往往因为害怕做出错误决策而采取这样的反应。由于决策者不能够承担做决策的责任，而倾向于不考虑未来的方向，不去做准备，不知道自己的目标，也不思考，更不寻求帮助。这样的决策者更容易被学校等支持系统忽略。所以，这类学生需要意识到自身的决策风格及其可能造成的危害，努力调整，增强职业生涯规划的意识和动机，才能从根本上得到帮助。

5. 自发型

以渴望即刻、尽快完成决策为特征。自发型的个体往往不能够容忍决策的不确定性以及由此带来的焦虑情绪，是一种具有强烈即时性并对快速做决策的过程有兴趣的决策风格。自发型决策者常会基于一时的冲动，在缺乏深思熟虑的情况下做出决策，此类决策者通常会给人过于冲动的感觉。

还有研究将人们的决策风格分为四类：理智型、直觉型、冲动型、盲目型(见图 3-1)。

理智型工作决策的特征是，个人不但很清楚自身的潜能、优缺点、喜好，而且对所要进入的单位的薪酬待遇、工作环境、发展机会等，了解得一清二楚；

直觉型工作决策的特征是，个人对自身很了解，但对工作单位的了解只是靠自身的直觉去判断；冲动型工作决策的特征是，自我认知不足，一时被所要去的工作单位的待遇或者是职位所迷惑；盲目型工作决策的特征是，不但自我认知不足，而且对要去的工作单位也一无所知，工作决策十分盲目。

自我认知 \ 目标认知	低	高
高	直觉型	理智型
低	盲目型	冲动型

图 3-1 职业生涯决策分类

（资料来源：仲蕾、王超、司继伟，大学生的决策风格、自我管理策略、求职清晰度与职业决策困难的关系［J］，心理研究，2013 年第 6 期。）

（二）理查德·约翰逊的分类

理查德·约翰逊（Richard Johnson，1978）将个人决策风格划分为四种类型（见图 3-2）。

（1）自发型——对人和事做出整体的反应，不关注细节，只注重喜欢还是不喜欢；

（2）内部型——只谈论自己已经深思熟虑的问题；

（3）系统型——把问题分成若干部分，关注细节，做出承诺时谨慎，喜欢制订长期目标；

（4）外部型——做决策之前要经过充分的讨论。

研究表明，大部分人都不会恰好完全属于这几种风格类型的某一种，更多的情况是人们在不同的时候表现出每种风格的一些特点。通常而言，所谓的好的、高效的决策风格应该位于左图的中心部分，在每个方向上都远离极端位置（在图 3-2 中表现为一个圆）。如果在图中表现为极端情况，就表示你在决策中行为过于刻板，缺乏平衡性和整合性。

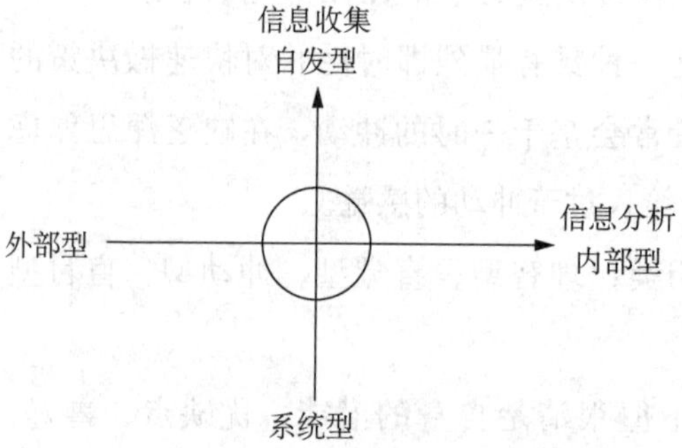

图 3-2 决策风格（理查德·约翰逊）

三、影响职业生涯决策的因素

在进行职业生涯决策的过程中，其实有诸多因素会影响我们的决策，大体包括以下三个方面。

（一）影响职业生涯决策的个人因素

1. 心理特征因素

狭义的职业生涯决策是就业指导中一个承前启后的环节。个人对自我评估、职业评估和环境评估的内容及结果直接影响着职业决策，其中自我评估主要是对个体心理特征的评估，起着决策的定向作用。个体的心理特征是一种稳定的特性和倾向系列，包括兴趣、能力、价值观和性格等。

2. 个人背景因素

职业生涯决策的发展和形成是个漫长的过程，从特殊事件和经验的角度而言，每个人的人生是独一无二的，个人所经历的生涯事件的差异，会对职业决策产生影响，这体现在性别、年龄和教育背景等方面。

3. 进行决策时的即时状态

要做出有效的决策，就必须保证个体在决策中身体、情绪和精神状态都处在最佳状态。在决策过程中会面临诸多障碍，这些障碍会影响即时决策。职业决策最终定位在行动执行上，职业目标的设定、执行受职业规划观念的影响和制约，同时又反过来影响职业决策方式。目标设定是否合理、有效，目标执行是否成功，都影响个体继续探索相关知识的动力，以及产生积极与否的评价。

（二）影响职业生涯决策的家庭和成长环境因素

无论是年轻人还是老人，家庭成员以及与其关系重要的人，都会干扰有效决策的形成。对于大学生而言，最大的影响因素可能来自家长。每个人的成长环境都对其职业生涯发展有影响。首先，教育方式的不同，造成他们认知世界的方式不同；其次，父母的职业是个体最早观察模仿的角色，个体必然会得到父母职业技能的熏陶；再次，父母的价值观、态度、行为、人际关系等对个体的职业选择起到或直接或间接的深刻影响。

朋友、同龄群体的影响也是很大的，他们的职业价值观、职业态度、行为特点等不可避免地会影响到个体对职业的偏好、选择从事某一类职业的机会和变换职业的可能性等方面。

（三）影响职业生涯决策的社会环境因素

社会环境中流行的工作价值观、政治经济形势、产业结构的变动等因素，无疑都会在个人职业选择上留下深深的烙印。不同的社会环境给予个人的职业信息是不同的。宏观上，社会的、经济的、历史的和文化的力量都能够干扰个人有效决策的制定。

现阶段，我们面临的是一个知识经济社会。对相关职业信息的搜集，对日新月异的职业环境的了解，都会影响大学生对未来职业世界的看法。同时，用人单位对大学毕业生的需求、技能要求、专业在社会中的具体发展状况等，也都是影响大学生职业生涯决策的因素。大学生需要在用人单位的需求和自己的具体情况之间不断地评估、预测、调整①。

此外，克鲁姆伯尔茨的社会学习理论也提到影响职业生涯决策的四个影响因素：遗传天赋、学习经验、任务进行技巧、环境条件。他认为，遗传天赋、环境条件、学习经验和任务进行技巧等四类因素相互作用，从而形成个人对自我和世界的推论或信念。这些推论和信念不一定完全正确，要视个人的学习经验是否丰富而定。

但是人们常常会犯先入为主的毛病，在一两次深刻经历的基础上对事物产生固定的印象，称为“非理性观念”。对于“非理性观念”，如果能做适当调整，就能使自我认知更加切合实际。例如人们在教育孩子的时候通常提到“好好学习将

① 黄林楠. 大学生职业生涯决策影响因素及对策研究［J］. 教育探索，2009（1）.

来才能有一番作为，不然就一事无成”，实际上，通往成功的路有很多条，成绩好确实是通向成功的一条道路，但是并不意味着学习成绩好就一定有大作为，一个成功的人绝对不仅仅拥有漂亮的成绩单，他还有许多其他方面的卓越能力。因此，对于“非理性观念”要采取辩证的看法，吸取正确的部分指导自己的生活。

四、职业生涯决策的原则

1. 清晰性原则

考虑目标、措施是否清晰、明确？实现目标的步骤是否直截了当？

2. 挑战性原则

目标或措施是否具有挑战性，还是仅保持其原来状况而已？

3. 变动性原则

目标或措施是否有弹性或缓冲性？是否能依循环境的变化而作调整？

4. 一致性原则

主要目标与分目标是否一致？目标与措施是否一致？个人目标与组织发展目标是否一致？

5. 激励性原则

目标是否符合自己的性格、兴趣和特长？是否能对自己产生内在激励作用？

6. 合作性原则

个人的目标与他人的目标是否具有合作性与协调性？

7. 全程原则

拟定生涯规划时必须考虑到生涯发展的整个历程，作全程的考虑。

8. 具体原则

生涯规划各阶段的路线划分与安排，必须具体可行。

9. 实际原则

实现生涯目标的途径很多，在作规划时必须要考虑到自己的特质、社会环境、组织环境，以及其他相关的因素，选择切实可行的途径。

10. 可评量原则

规划的设计应有明确的时间限制或标准，以便评量、检查，使自己随时掌握执行状况，并为规划的修正提供参考依据。

五、职业生涯决策的SWOT分析法

SWOT分析，就是将与研究对象密切相关的各种主要内部优势因素、弱点因素、机会因素和威胁因素，通过调查罗列出来，并依照一般的次序按矩阵形式排列起来，然后运用系统分析的思想，把各种因素相互匹配起来加以分析，从中得出一系列相应的结论。“SWOT”中S代表Strength（优势）、W代表Weakness（弱势）、O代表Opportunity（机遇）、T代表Threat（挑战），是个体“能够做的”（即个体的强项和弱项）和“可能做的”（即环境的机遇和挑战）之间的有机组合。其中，S、W是内部因素，O、T是外部因素。

分析完你的需求，试着分析自己的性格、所处环境的优势和劣势，以及一生中可能会有哪些机遇，职业生涯中可能有哪些威胁？这是要求你试着去理解并回答自己这个问题：我在哪儿？

（一）知己：自我优势分析

1. 你曾经做过什么

即你已有的人生经历和体验，如在学校期间担当的职务、曾经参与或组织的实践活动等。这些可以从侧面反映出一个人的素质状况。在自我分析时，要善于利用过去的经验选择，推断未来的工作方向与机会。

2. 你学习了什么

在学校期间，你从学习的专业课程中获得了什么？专业也许在未来的工作中并不起多大作用，但在一定程度上决定你的职业方向，因而尽自己最大努力学好专业课程是生涯规划的前提条件之一。同时，你要善于从中总结，真正化为自己的智慧。

3. 最成功的是什么

你可能做过很多，但最成功的是什么？为何成功？是偶然还是必然？通过分析，可以发现自我性格优越的一面，譬如坚强、果断，以此作为个人深层次挖掘的动力之源和魅力闪光点，这也是职业规划的有力支撑。

（二）知己：自我劣势分析

1. 性格弱点

一个独立性强的人会很难与他人默契合作，而一个优柔寡断的人绝难担当企业管理者的重任。卡耐基曾说，人性的弱点并不可怕，关键要有正确的认识，认真对待，尽量寻找弥补、克服的办法，使自我趋于完善。

2. 经验或经历中所欠缺的方面

也许你曾多次失败，就是找不到成功的捷径；需要你做某项工作，而之前从未接触过，这都说明经历的欠缺。欠缺并不可怕，怕的是自己还没有认识到，而一味地不懂装懂。

以上是评估自己的长处和短处。每个人都有自己独特的技能、天赋和能力。在当今分工非常细的环境里，每个人擅长于某一领域，而不是样样精通（当然，除非天才）。举个例子，有些人不喜欢整天坐在办公室里，而有些人则一想到不得不与陌生人打交道时，心里就发憷。也可以作个列表，列出你自己喜欢做的事情和你的长处所在。同样，通过列表，你可以找出自己不是很喜欢做的事情和你的弱势。找出你的短处与发现你的长处同等重要，因为你可以基于自己的长处和短处，做两种选择：或者努力去改正常见的错误，提高你的技能；或是放弃那些对你不擅长的技能有所要求的学习。列出你认为自己所具备的很重要的强项和对你的学习选择产生影响的弱势，然后再标出那些你认为对你很重要的强、弱势。

（三）知彼：环境分析

1. 对社会大环境的认识与分析

对社会大环境的分析包括：当前社会政治、经济发展趋势；社会热点职业门类分布与需求状况；自己所选择职业在当前与未来社会中的地位情况；社会发展趋势对自己职业的影响。

2. 对自己所选企业的组织环境分析

对组织环境的分析包括：所从事行业的发展状况及前景；在本行业中的地位与发展趋势；所面对的市场状况。包括行业环境分析和企业环境分析。

前面的章节中已经讲到对职业世界的探索，希望大学生多进行对职业生涯环境的认知实践，多了解所在专业的相关行业和职业。

我们知道，不同的行业（包括这些行业里不同的公司）都面临不同的外部机会和威胁，所以，找出这些外界因素将助你成功地找到一份适合自己的工作。这对大学生的求职是非常重要的，因为这些机会和威胁会影响你的第一份工作和今后的职业发展。如果公司处于一个常受到外界不利因素影响的行业里，很自然，这个公司能提供的职业机会将是很少的，而且没有职业升迁的机会。相反，充满了许多积极的外界因素的行业将为求职者提供广阔的职业前景。

（四）知彼：人际关系分析

个人职业过程中将同哪些人交往，其中哪些人将对自身发展起重要作用，是何种作用，这种作用会持续多久，如何与他们保持联系，可采取什么方法予以实现；工作中会遇到什么样的同事或竞争者，如何相处、对待。

外因是变化的条件，内因是变化的依据。既知己，又知彼，职业设计就有了成功的基础。未来发展往往不能离开历史的演变，只要从历史的足迹中探寻未来的步伐，在职场上就一定能平步青云。

能分析出自己职业发展及行为习惯中的缺点并不难，但要以合适的方法改变它们却很难。相信你的朋友、上级主管、职业咨询专家都可以给你一定的帮助，特别是很多时候借助专业的咨询力量会让你大走捷径。找专业的人才测评和职业咨询机构将是未来的发展趋势，他们的经验非常丰富，对个人的帮助更加专业和直接，有外力的协助和监督也会让你取得更好的成效。

（五）制订行动规划

制订规划的基本思路是：发挥优势因素，克服弱点因素，利用机会因素，化解威胁因素；考虑过去，立足当前，着眼未来。

运用系统分析的综合分析方法，将排列与考虑的各种环境因素相互匹配起来加以组合，得出一系列生涯发展规划的可选择对策。

这些对策包含如下。

(1) 最小与最小对策（WT 对策），着重考虑弱点因素和威胁因素，目的是努力使这些因素都趋于最小。

(2) 最小与最大对策（WO 对策），着重考虑弱点因素和机会因素，目的是努力使弱点趋于最小，使机会趋于最大。

(3) 最大与最小对策（ST 对策），着重考虑优势因素和威胁因素，目的是努力使优势因素趋于最大，使威胁因素趋于最小。

(4) 最大与最大对策（SO 对策），着重考虑优势因素和机会因素，目的是努力使这两种因素都趋于最大。

仔细地对自己做一个 SWOT 分析评估，列出你 5 年内最想实现的 4—5 个职业目标。这些目标可以包括：你想从事哪一种职业，你将管理多少人，或者你希望自己拿到的薪水属哪一级别。请时刻记住：你必须竭尽所能地发挥出自己的优势，使之与行业提供的工作机会完满匹配。

再提纲式地列出一份今后 3—5 年的职业行动计划，这一步主要涉及一些具体的内容。请你拟出一份实现上述列出的每一职业目标的行动计划，并且详细地说明为了实现每一目标，你要做的每一件事，何时完成这些事。如果你觉得你需要一些外界帮助，请说明你需要何种帮助和你如何获取这种帮助。例如，你的个人 SWOT 分析可能表明，为了实现你理想中的职业目标，你需要进修更多的管理课程，那么，你的职业行动计划应说明要参加哪些课程、什么水平的课程，以及何时进修这些课程，等等。你拟订的详尽的行动计划将帮助你做决策，就像外出旅游前事先制订的计划将成为你的行动指南一样。

第二节　目标与行动计划

一个人要获得事业的成功，需按照人生成功的规律来制订行动的目标和规划。没有目标的人如同航行在茫茫大海中的孤舟，没有方向，不知所终。正如希拉尔·贝洛克说："当你做着将来的梦或者为过去而后悔时，你唯一拥有的现在却从你手中溜走了。"因此，在现实的基础上，制订出来的合理目标，是我们漫漫职业生涯途中的灯塔，是努力的依据，更是对个人的鞭策。

一、职业生涯目标的内涵

（一）职业生涯目标的含义

所谓目标，就是一个人行动的方向、目的。生涯目标，也就是我们常谈的人生目标，比如要成为什么样的人，该如何度过一生，怎样才能使人生过得有意义、有价值，怎样才能取得成功，怎样才能拥有幸福的生活，生涯目标是指引个体成长和发展的导航标。

职业生涯目标，就是指个人在选定的职业领域内未来将要达到的具体目标，从而促使个人依据这种明确的职业目标，去规划自己的学习和实践，为实现职业目标进行积极准备和付诸实际行动。

（二）职业生涯目标的意义

成功者的职业生涯，大多是从制订合适的职业目标开始的。明确而坚定的职业发展目标，是取得职业成功的基本前提。具体来说，确定目标具有以下几方面的意义。

1. 生涯目标能促使产生自我发展的积极性

当我们给自己定下某个职业目标时，这个目标就成为我们生涯发展的依据和鞭策。有了方向，我们的职业发展努力才更加有效。

2. 生涯目标的确定有助于把握现在

目标的确定一定是着眼现实的，给自己定什么样的目标，需要审视现在的自己处于一个怎样的阶段。因此，目标设定的过程也就是评估现在、把握现在的过程。

3. 生涯目标引导优势发挥

当制订了一个目标以后，我们就会知道自己的使命，并且不停地在自己的优势领域努力，安排好日常工作生活的轻重缓急。

4. 生涯目标有助于评估进步

大多数人每天看起来忙忙碌碌，却忽略了评估自己的进步，也不知道评估的尺度和标准。目标正好提供了一种自我评估的手段，以目标的达成为指标来进行自我评估，有助于生涯规划的顺利实施，更可以督促自己朝着目标奋斗。

（三）职业生涯目标的分类

1. 按时间划分

个人职业生涯目标，按时间可以分为短期目标、中期目标、长期目标和人生目标。一般说来，短期目标服从于中期目标，中期目标服从于长期目标，长期目标又服从于人生目标。具体实施目标，通常是从具体的、短期的目标开始的。当然，在制订人生目标和长期目标时，要多考虑一些自身因素和社会因素，而制订中期目标和短期目标时，则要更多地考虑工作环境因素。通过制订个人的短期目标、中期目标和长期目标，就形成了完整的个人目标体系的制定。

(1) 短期目标。

短期目标通常是指每日、每周、每月、每季、每年的目标，是中期目标和长期目标的具体化、现实化和可操作化，是最清楚的目标。其主要特征如下。

① 目标具备可操作性；

② 明确规定具体的完成时间；

③ 对现实目标有把握；

④ 服从于中期目标；

⑤ 目标可能是自己选择的，也可能是公司或上级安排的、被动接受的；

⑥ 目标需要适应环境；

⑦ 目标要切合实际。

（2）中期目标。

中期目标一般为三到五年，在整个目标体系中起着承上启下的作用，也是职业生涯目标能否有效实施和实现的重点。对大学生来说，也就是在大学学习期间应该达到什么目标。中期目标在长期目标的基础上确立，比如毕业时找到一份满意的工作，或者考入理想的学校和专业的研究生，或者到自己梦想的国家去留学，成为一名“海归”，或者先择业再创业，实现当老板的理想等。中期目标相对长期目标要具体一些，其特征主要如下。

① 通常与长期目标保持一致；

② 是结合自己的志愿和企业的环境及要求来制订的目标；

③ 用明确的语言来定量说明；

④ 对目标实现的可能性做出评估；

⑤ 有比较明确的时间，且可做适当的调整；

⑥ 基本符合自己的价值观，充满信心，愿意公布于众。

（3）长期目标。

时间为五年以上的目标，它通常不具体，会随着自身情况和外部形势的变化而变化，在设计时以画轮廓为主。长期目标主要受自己的人生目标的影响，常言道“人无远虑，必有近忧”，尽管如此，在生活中，人们最容易忽视的就是长期目标。设定长期目标需要考虑以下方面。

① 目标有可能实现，具有挑战性；

② 对目标的实现充满渴望；

③ 非常符合自己的价值观，为自己的选择感到自豪；

④ 目标是认真选择的，和社会发展需求相结合；

⑤ 没有明确规定实现时间，在一定范围内实现即可；

⑥ 立志改造现实状况。

（4）人生目标。

人生目标是指整个人生的发展目标。

思维拓展

表 3-1　职业生涯目标制订举例

目标	内容
人生目标	你想成为什么样的人 你想做哪件大事或哪几件大事 你想成为哪一领域的佼佼者 你想发挥自己哪些方面的优势和特长
十年计划	今后十年你想成为什么样子 事业上有什么成就 收入达到多少 你的家庭及健康水平如何 你的生活状态怎样、社会地位怎样
五年计划	将十年计划进一步具体，把目标进一步分解
三年计划	使五年计划更具体，制定出自己的行动准则
明年计划	制定实现明年计划的步骤、方法和时间表，并确保这些是切实可行的
下月计划	包括下个月计划做的工作，应完成的任务，质和量方面的要求，财务上的收支，学习计划，结识新朋友的计划等
下周计划	在每周末提前制定好下周的行动计划，把下月的计划中的一部分分解在下周
明日计划	明天要做哪几件事？分清楚轻重缓急，制定出执行的顺序和相应事情对应的时间

2. 按性质划分

按照性质来分，个人职业生涯目标可以划分为外职业生涯目标和内职业生涯目标。

（1）外职业生涯目标。

外职业生涯目标是指侧重于职业过程的、外在的、可看得见的标记，它主要包括工作内容、职务目标、经济收入目标、工作环境和工作地点等方面的目标。

（2）内职业生涯目标。

内职生涯目标是指在职业生涯规划中的知识、经验的积累，观念的转变，能力和素质的提高，以及成就感、价值感等内心感受。这些目标必须通过自己的努力才能获得和掌握。

职业生涯的内外目标不是截然分开的，两者是相辅相成、相互促进的，内职业生涯目标的发展可以推动外职业生涯目标的发展，而外职业生涯目标的实现又可以促进内职业生涯目标的实现。

3. 按实现难度划分

职业目标有难易之分。人的职业生涯发展是由低到高循序渐进的，在发展成长的过程中，个人给自己所设定的职业目标也应该分阶段，由易到难，由低层次到高层次循序渐进。如果一个刚入学的大学生就给自己设定了毕业时就能成为某专业领域的专家学者，这就是不现实的。制订目标时，需要根据个人的实际情况，制订难易度合理且具有实际指导价值的职业目标。

二、职业生涯目标的制订原则

生涯目标的客观性是指目标本身并不是空想出来的，而是建立在自我认知与环境认知的基础上，了解了个人兴趣、性格、能力、身体素质，以及社会环境等各方面的情况，才能制订出一个具有可行性的、合理的目标。假如一个人从未接受过美术绘画方面的培训，却想要在 2 年内成为享誉国内外的画家，这种目标一般情况下只能算是幻想或纯粹的理想。另外，当目标确定后，并不是一成不变的，随着个人知识、技能、阅历方面的提升，完全可以阶段性地调整自己的发展目标，但这种调整的频率不能过于频繁。

在制订职业生涯目标时，可以遵循“SMART”简易原则。

（一）目标必须是具体的（specific）

这是指目标必须是清晰的，可产生行为导向的。比如，目标“我要成为一个优秀的大学生”不是一个具体的目标，目标“学期末平均成绩在80分以上”才算得上是一个具体的目标。

（二）目标必须是可以衡量的（measurable）

这是指目标必须用指标量化表达。例如，上面这个“学期末平均成绩在80分以上”的目标，它就对应着量化的指标“分数”。

（三）目标必须是可以达到的（attainable）

这里“可以达到的”有两层意思：一是目标应该在能力范围内，二是目标应该有一定难度。一般人在这点上往往只注意前者，其实后者也相当重要。目标经常达不到的确会让人沮丧，但同时也要注意，太容易达到的目标也会让人失去斗志。

（四）目标必须和其他目标具有相关性（relevant）

这里的“相关性”是指与现实生活相关，而不是简单的“白日梦”。

（五）目标必须具有明确的截止期限（time-based）

也就是说，目标必须是“基于时间”的目标，是指目标必须确定完成的日期。不但要确定最终目标的完成时间，还要设立多个小时间段上的“时间里程碑”，以便进行工作进度的监控。

此外，在制订职业规划时，也有学者总结了以下八条原则：（1）实践性原则；（2）持续性原则；（3）清晰性原则；（4）可行性原则；（5）适时性原则；（6）适应性原则；（7）挑战性原则；（8）长期性原则。

三、职业生涯目标的制订方法

（一）梦想法

每个人心目中都会有各种职业梦想，这种梦想常常没有考虑任何客观条件的制约，是我们在对所接触、听闻的职业不完全了解的情况下，确定的一个职业生涯目标，具有很大的随意性和局限性，但这也是确定职业生涯目标的一种方法。

1. 想一想你的职业梦想是什么

你希望拥有什么？

希望做什么？

希望成为什么样的人？

2. 考虑一下你的目标全部实现后你的理想生活

最想和谁生活在一起？

你喜欢做什么？

这样的生活如何开始？

你会到哪儿去？

你会遇到什么样的环境？

这样惬意的日子结束时你会有何感受？

触类旁通

职业目标的名片探索法

◇ 静下心来认真想一想自己将来与别人会面时，递给别人的名片是什么样的？

◇ 接着找一张纸，自己设计它，包括正面、反面、颜色、图标及称呼和职务。

◇ 然后跟别人讲你为什么这么设计自己的名片，你需要经过怎样的努力才能得到这样的职务？

◇ 反思一下，自己达到以上目标具备什么优势？可行性有多大？有什么困难？

（二）理论法

在饱览众多职业后，根据自己的想法树立一个职业生涯目标。简单的操作是，登陆一些招聘网站，看看那里招聘的职位都有什么，在了解具体职位的描述和工作内容之后就可以初步确定目标了。此种方式只是在理论上确定了目标，其树立的目标并不一定是你所想要的，所以要大量阅读职位信息，与自身对照后选定具体职位。

（三）实践法

这种方法指在参加具体的职业活动、行业活动、公司活动、社会活动中真实地体验到职业之后所形成的职业目标。另外，在现实活动中，我们可能会因为自己的一时冲动或受到什么启发，而确定一个职业目标，随后去参加相关的各种活动，以增加见识和阅历，在实践中评估和检验自己是否能朝着这一目标发展。

（四）专业定向法

这种方法是根据现在所学的专业，来确定自己未来的职业方向。假如你喜欢现在的专业，毕业后很有可能就会选择专业对口的职业去就业。比如，法律专业对应的职业有公务员、律师、教师、法律研究人员、企业法律顾问、法制专栏媒体记者、公司法务职员，等等。但如果你不喜欢自己的专业，则要考虑通过转专业，或通过辅修、选修专业课程，或通过跨专业考研来调整和确定自己的职业方向了。专业定向法需要对已确定方向的职业群进行更深入的探索，定向的时候需要尽可能扩大自己的职业选择面。

四、生涯目标的实现——制订行动计划

我们大部分人都有宏伟的目标，但是为什么经常实现不了？根据管理学的理论，没有良好的计划和执行力，目标就无法达到。因此在确定了职业目标后，第二个问题就是要制订实现目标的行动计划。

（一）行动计划的主要内容

职业生涯规划中的行动计划是指落实目标的具体措施，主要包括每日、每周、每月、每学期、每学年具体实施生涯规划方案的有效行动步骤。比如，制订并坚持一日和一周生活制度，参加各种有利于生涯规划方案实现的活动、社会实践和实习、实训等。为达成目标，在学习方面，计划采取什么措施提高学习效率；在个人素质方面，计划学习哪些知识、掌握哪些技能，提高综合素质和职业能力；在潜能开发方面，采取什么措施开发潜能等，都要有具体的计划与明确的措施。这些计划应具体，便于定期和不定期检查。

一般来说，一个详细的行动计划总要包含以下要素：计划主题、计划内容、状态、执行人和完成时间。而在实施每一个详细计划的过程中，都需要遵循 PDCA 循环这一原则（图 3-3）。

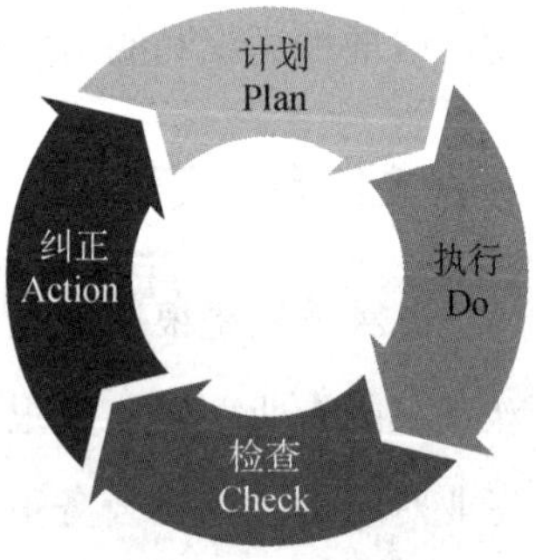

图 3-3　PDCA 循环图

（注：由质量管理专家休哈特博士提出，管理专家戴明进行采纳、宣传，获得普及的 PDCA 循环，又称戴明环。）

PDCA 循环是能使任何一项活动有效进行的一种合乎逻辑的工作程序，特别是在质量管理中得到了广泛的应用。P、D、C、A 四个英文字母所代表的意义如下。

P（plan）——计划。包括方针和目标的确定及活动计划的制订。

D（do）——执行。执行就是具体运作，实现计划中的内容。

C（check）——检查。就是要总结执行计划的结果，分清哪些对的、哪些错的，明确效果，找出问题。

A（action）——行动（或处理）。对总结检查的结果进行处理，成功的经验加以肯定，并予以标准化，便于以后工作时遵循；对于失败的教训也要总结，避免再犯；对于没有解决的问题，应转移到下一个 PDCA 循环中去解决。

（二）大学生职业规划的行动策略

以大学四年为例，各年级大学生的职业规划实施策略如下。

1. 大学一年级：探索期

［**阶段目标**］适应大学生活，树立规划意识

［**实施策略**］

——了解就业形势，树立新的奋斗目标。如果说高中的目标是考上大学，那么现在的任务就是为了以后的就业和职业发展。

——完成从中学生到大学生的角色转变，尽快适应大学生活。虚心请教师兄师姐，积极参加集体活动，建立新的人际关系圈。熟读学生手册，关注辅修专业和第二学位的申请条件，保证稳定的学习成绩。

——开始自我和职业的探索，树立职业规划意识。通过职业测评等工具全面客观地探索自己，思考有哪些职业与自己所读的课程、专业相吻合，通过互联网、报刊杂志和访谈等渠道进一步了解这些职业。

2. 大学二年级：定向期

［**阶段目标**］确定主攻方向，培养综合素质

［**实施策略**］

——虚心请教师长和校友，根据自己的发展意愿选定专业或主攻方向，有必要和条件的话，可同时辅修其他课程和专业。

——建立合理的知识结构，注重专业能力的培养，参加英语、计算机等工具性证书的考试。

——积极参加学生会或社团工作，培养自己的组织协调能力和团队合作精

神，提升自己的综合素质。

——尝试兼职、实习等，积累一定的职业经验。

3. 大学三年级：提升期

［**阶段目标**］提升职业技能，积累职业经验

［**实施策略**］

——加强专业知识学习的同时，考取与职业目标相关的职业资格证书。

——增强兼职、实习的职业针对性，积累对应聘有利的职位实践经验。

——扩大校内外交际圈，加强与校友、职场人士的交往，提前参加校园招聘会，与用人单位招聘人员进行沟通。

——学习求职技巧，学会制作简历、求职信，了解面试技巧和职场礼仪。

——如果决定考研，要做好复习准备；如果希望出国，要注意留学资讯和动向，准备 TOEFL、GRE 考试。

——在大三后期要查漏补缺，检查当下状况与毕业后目标的差距，及时采取纠偏措施，为大四目标的顺利完成打下坚实的基础。

4. 大学四年级：冲刺期

［**阶段目标**］充分掌握资讯，实现毕业目标

［**实施策略**］

——留意学校就业中心通知和其他重要的招聘渠道，不要遗漏关键的招聘信息。

——登陆招聘单位网站或通过咨询、访谈等方式，了解招聘单位的相关信息，为面试做好准备。

——选择实用性高的毕业设计题目，借机证明自己的应用研究能力。

——学会就业心理调节，始终保持自信和主动。

——了解劳动法规和政策，学会保障自己的劳动权益。

4

第四章

职业规划落实处

第一节　撰写职业生涯规划书

一、职业生涯规划书的概念

职业生涯规划，又称为“职业生涯设计”，是指个人结合自身情况及眼前机遇和制约因素，为自己确定最佳的职业奋斗目标，选择职业发展道路，确定教育、培训和发展的计划等，并为自己实现职业生涯目标而确定行动方向、行动时间和行动方案。职业生活规划书就是用文字、图片或其他形式将职业生涯规划中已确定的想法、步骤等展示出来，形成方案。

二、制订职业生涯规划书的原则

（一）独特性

每个人的性格特征、知识结构、兴趣爱好、能力倾向等都有自己的特点，其家庭条件、成长经历、社会关系也都不同，因而在制订生涯规划时不可能找到普适的路径，必须综合考虑个人各个方面的实际情况，充分发挥个人优势特长，因人而异，量身定制。

（二）可行性

职业理想能否顺利实现有赖于职业生涯的规划方案是否可行。可行性体现在两个方面：一是生涯目标的可行性，即目标的设定是否建立在现实条件的基础上；二是职业行动计划的可行性，行动计划是否是自己可以做到的，是否能够根据一定标准进行考核监督验收通过。

（三）阶段性

每个人在自己人生发展的不同阶段所承担的重点社会角色和发展任务是不同的。职业生涯规划也应该根据自己的年龄阶段设计不同的内容，以适应每个发展阶段的特点，使每个阶段都能充实度过，并逐步达成阶段性目标，从容过渡到下一阶段目标，从而实现自己的人生目标。

（四）发展性

现代社会发展日新月异，职业生涯规划要具有一定的超前性和预测性。当社会、经济、政策、市场等方面出现新情况时，能根据自我发展、社会变迁以及其他不可预测的因素，主动适应各种变化，及时评估，灵活调整，不断修正、优化自己的职业生涯规划。

（五）一致性

在调整职业生涯规划的过程中要坚守规划目标的一致性。短期的目标有可能需要调整，目标的调整修正应和长远的人生目标始终保持一致，使得整个规划始终围绕自己的人生目标而展开，过去、现在和未来应有内在的一致性和延续性。除非遇到不可抗力事件或未预料到的严重事件影响，一般不要对发展规划做出颠覆性的修改或调整。

三、大学生职业生涯规划书的基本格式

（一）表格式

表格式的生涯规划书内容相对简洁，一般来说，仅包括职业目标的说明、

各阶段规划任务与发展策略。这种格式的规划书更适合用作阶段任务的提示。示例如表 4-1 所示。

表 4-1　表格式职业生涯规划书

职业目标	根据自身特点和兴趣点，我认为与计算机和网络相关的数据库管理、网络管理、平面设计等职业比较适合我，是我今后的职业发展方向
发展策略	职业发展路线：一线操作员—技术维修技术员—（技工—高级技工）—工程师—高级工程师—（副总工程师—公司总工程师）
行动方案	
短期规划	目标：顺利通过各门功课考核，拿到本科毕业证；取得相关证书 大二上学期通过英语四级考试；大二下学期通过计算机二级考试；大三期间参加无线电调试工（高级）、通信终端维修工等专业考试并力争顺利通过；扎实学习专业技能。同时，充分利用校内图书馆、校外购书城及网络信息，扩展知识范围，争取参加一些大学生计算机技能比赛；制定合理的时间表，有效利用大学 4 年的时间，提高自己的就业竞争力，力争毕业时能够应聘到适合自身发展的工作岗位
中期规划	目标：取得高级技工和工程师资格证书 提高专业技能，达到技工、高级技工和工程师技术水平；在这一时期，与同事友好相处，通力合作，共同为企业创造财富；以主人翁的态度积极为企业发展出谋划策，以不断提升业务素质和能力为第一诉求，为今后的职业发展奠定坚实的基础；坚持参加体育锻炼，塑造健康体魄
长期规划	目标：使自己成为本单位、本岗位上业务精湛、精于管理的复合型人才和中高级管理干部 在原基础上进一步提升自身学历层次，达到研究生水平；熟练掌握本专业领域内的技术技能，使自己逐步成为单位的技术骨干，达到高级工程师技术水平；运用自己的技术管理经验，参与并做好生产技术管理工作，逐步向技术精、懂管理的中高级技术管理干部方向发展

（二）条列式

这种格式的规划书具有职业生涯规划的主要内容，但语言表述简单，缺乏详细的材料分析和评估，规划过程的逻辑性不强。示例如下。

条列式职业生涯规划书

我是一名艺术设计专业的大学生，为了实现职业理想，特做出以下生涯规划安排。

1. 自身现状及希望达到的

英语水平合格，能流利沟通；设计专业扎实，略通经贸知识；具有较强的人际沟通能力；思维敏捷，表达较流畅；在大学期间长期担任学生干部，有较强的组织协调能力；有很强的学习能力；很有热情为自己的将来奋斗。

2. 自我评估

我的性格是比较诚实、正直的，相对谦虚但不乏张狂，做事情时认真勤奋、责任心强，并具有一定的创新意识。自己的生活比较朴素，对待朋友比较大方。自己做事情虽然认真，但还是有马虎的现象。

我的注意力比较集中，善于观察，记忆力较强，思维比较开阔，想象力丰富。我有一些特长，比如计算机的掌握与控制、设计能力强等，在语言表达能力及动作协调能力上还有待加强，换位思考能力也不是很突出。

3. 职业环境评估

中国有关设计方面的市场有相当大的潜力。人们的生活质量和文化艺术修养普遍提高，从而产生了对艺术的崇尚和追求；艺术设计市场人才紧缺，致使艺术设计专业的毕业生较抢手。

4. 职业目标

成为企业高级管理人员或高级工程师（艺术设计方向）的差距：

中大型企业先进的管理理念和丰富的管理经验；作为高级职业经理人所必备的技能、创新能力；快速适应能力；身体适应能力；社交圈窄。

5. 目标分解策略

2019—2023 年：

成果目标：通过实践学习，深入了解外国的企业管理理论和设计理念。

学历目标：完成本科学历顺利找到工作。

职务目标：设计经理。

能力目标：具备在艺术设计领域从事具体设计工作的理论基础，通过实习得到一定的实践经验。

经济目标：年收入 10 万元左右。

2024—2030 年：

学历目标：通过国际商业美术设计师资格认证。

职务目标：设计总监。

能力目标：熟练处理本职务工作，工作业绩在同级同事中居于突出地位；熟悉企业运作机制及企业文化，能与公司上层进行无阻碍的沟通。

经济目标：月薪 3 万。

2031—2035 年：

学历目标：攻读并取得工程博士学位。

职务目标：知名设计师或高级工程师，大学的外聘讲师。

能力目标：有广泛的社会交际网，能在国内外专业刊物上发表自己的作品。

……

（三）复合式

就是表格式与条列式的综合，部分内容表格化，部分内容罗列出来。

（四）论文格式

论文式的规划书通常格式完整、规范，而且包括了对一个人职业生涯的全面而详尽的分析和阐述。

四、大学生职业生涯规划书的主要内容

大学生职业生涯规划书的基本内容主要包括以下六个方面。

（一）扉页

包括题目、姓名、基本情况介绍、规划年限、年龄跨度、起止时间。其中

规划年限不分长短，可以是半年、三年、五年，甚至是二十年，视个人的具体情况而定。建议大学生将职业规划年限设为三至五年。

（二）自我分析

一个有效的职业生涯设计必须是在充分且正确认识自身条件的基础上进行的。要审视自己、认识自己、了解自己，做好自我分析，包括自己的兴趣、特长、性格、学识、技能、智商、情商、思维方式等。即要弄清我想干什么、我能干什么、我应该干什么，以及在众多的职业面前我会选择什么等问题。职业生涯规划书中可包括以下内容。

（1）我的职业倾向分析；

（2）我的职业价值观判断；

（3）我的性格评估；

（4）我的能力盘点；

（5）个人经历回放；

（6）自我分析与评估总结。

（三）环境评估

职业生涯规划还要充分认识与了解相关的环境，评估环境因素对自己职业生涯发展的影响，分析环境条件的特点和发展变化情况，把握环境因素的优势与限制。了解本专业、本行业的地位、形势以及发展趋势。职业生涯规划书中可包括以下内容。

（1）社会环境分析；

（2）学校环境分析；

（3）家庭环境分析；

（4）行业环境分析；

（5）组织环境分析；

（6）职业分析；

（7）岗位分析；

（8）环境分析结论。

（四）职业定位

职业定位就是要为职业目标与自己的潜能及主客观条件谋求最佳匹配。良好的职业定位是以自己的最佳才能、最优性格、最大兴趣、最有利的环境等信息为依据的。这个规划环节包括确定职业方向、各阶段职业目标和总体目标、职业发展路径等内容。职业生涯规划书中可包括以下内容。

（1）明确可选的职业目标；

（2）职业评估与决策；

（3）职业生涯路径设计；

（4）职业定位结论。

（五）职业生涯实施计划

职业生涯实施计划就是要制定实现职业生涯目标的行动方案，要有具体的行为措施来保证。没有行动，职业目标只能是一种梦想。要制定周详的行动方案，以逐步缩小差距实现各阶段目标，更要注意去落实这一行动方案。职业生涯规划书中可包括以下内容。

（1）长期、中期、短期职业生涯计划；

（2）各阶段计划的分目标、计划内容（专业学习、职业技能、职业素养）；

（3）计划实施策略。

（六）评估与反馈

职业生涯规划是一个动态的过程，必须根据实施结果的情况及变化进行及时的评估与修正。整个职业生涯规划要在实施中去检验，看效果如何，及时诊断生涯规划各个环节出现的问题，找出相应对策，对规划进行调整与完善。

（1）可能存在的风险

(2) 预评估的内容

(3) 风险应对方案

五、职业生涯规划书撰写的注意事项

（一）信息搜集科学全面

职业生涯规划分析的重点在于自我分析和环境评估等环节。在自我分析环节中，可以借助职业测评工具对个人职业价值取向、职业性格兴趣、职业能力素质等做出客观系统的分析。但为避免职业测评结果解读的倾向性，还需要采用多渠道策略，如个人思考回顾、他人评价等，从而得到全面的结论。在对职业环境进行评估分析时，也需要多途径收集资料，如网络、图书、从业者访谈、岗位实习等。在广泛收集信息的基础上整合分析，以保证论证过程的科学合理和结论的真实可靠。

（二）职业目标切实可行

职业生涯规划能否成功，在很大程度上取决于有无适当切实的职业目标。职业目标的设定要结合个人实际情况，从客观现实出发，避免盲目从众、追逐热点、好高骛远、脱离现实，遵从择己所长、择己所爱、择世所需的原则。要注意兴趣爱好和素质能力的区别，权衡个人意愿与社会需求的差异，在影响职业发展的众多因素中找到一个最优契合点，从而确定一个正确可行、富有生命力的奋斗目标。

（三）计划制订具有可操作性

针对职业目标确定后的各发展阶段设定的具体措施方案要具有可操作性，这是评价一份生涯规划书的重要指标。因此，在进行目标分解和路径选择时要特别注意时间的连续性以及素质能力提升的递进性。大学的学习生活质量对未来的职业生涯发展具有至关重要的影响，也是职业发展规划的重要时期，要特别注意大学阶段各年级行动安排和策略的侧重方向，为全面提升自己的专业素养和就业能力做好计划安排。

（四）生涯规划周期长短适宜

在职业生涯规划中要注意长远目标与中短期目标制定的区别。通常，长远目标是以实现自己的人生理想为蓝本设定的长期未来目标。大学生处在职业生涯的探索起步阶段，其素质、能力、价值观、行为模式等方面均还处于形成发展过程之中，未来的不确定性很大，受偶然因素影响的可能性也较多，很难做好远景规划。因此，大学生的中短期职业生涯规划周期以3—5年为宜。

第二节　管理职业生涯规划

要制订一份切实符合自身实际的职业生涯规划，并不如某些人想象得那么简单，它需要对自己、对周围环境有一个正确的认知，需要了解职业，从而确定自己喜欢的职业生涯路线，在制订完职业生涯规划之后，还要对其进行管理。管理职业生涯规划即对制订的生涯规划进行落实，以及反复的评估、反馈和修正。

一、职业生涯规划的实施

（一）职业生涯规划的实施内容

职业生涯规划实施，顾名思义就是实施自我职业生涯规划目标、行动方案的行为过程及其取得的结果。职业生涯规划实施包括三层含义：一是指职业生涯规划目标的全面、明确及主次分明，目标体系制订的科学合理必然有助于职业规划的执行，是执行的前提；二是指职业生涯规划实施过程的行为表现，在执行规划的过程中能否做到持之以恒、全盘兼顾和具备一定的创新性，在执行规划过程中遇到不协调或困难时表现出一定的创新能力，以解决不协调或困难，这些都是执行行为的具体表现；三是指职业生涯规划执行结果，结果是过程的检验和说明，没有结果，即使是最好的执行过程也只是空忙，至少是没有完成预定的目标，执行结果内含于执行。

（二）职业生涯规划的实施原则

完成目标主要靠自我控制，即自主、自治和自觉。职业生涯目标确立后，必须严格按照自己所设定的计划，每日、每周、每月、每年一步步去落实。保证自己的行动能与努力的目标一致，约束自己的行为。具体可从以下方面着手。

(1) 增强时间观念，经常回顾自己的构想和行动规划。

(2) 与现实相结合，对计划动态管理、灵活调整。

(3) 随身携带自己的构想和任务方案。

(4) 当自己作出一个对生活和工作极其重要的决定时，请对照既定的构想和行动规划，冷静思考、权衡利弊，并确保自己认真考虑的决策与本意是相符的。

(5) 注意抓住机遇以实现目标。

(6) 保证至少每三个月检查一次自己的工作进度。发现计划中的问题，考察计划的落实情况，从而有针对性地提出解决方案。

(7) 要有毅力。参加工作后，属于自己支配的时间少了，各种各样的诱惑多了，为了实现自己的目标，通常较多的是牺牲节假日和 8 小时以外的时间，这就需要毅力。

（三）职业生涯规划的实施方法

1. 滚动计划法

滚动计划法是一种定期修改未来计划的方法。制订计划时，计划活动越远，前提条件越难确定。

为提高计划的有效性，可以采用滚动、连续编制计划的一种方法。它是根据计划的执行情况和条件的变化，调整和修订未来的计划，并逐期向前移动，把远期与近期计划结合起来，采取近细远粗的办法。每次制订或调整计划时均将计划期顺序向前推进一期，如此不断滚动、不断延伸，故称之为滚动计划。

其具体做法如表 4-2 所示。

表 4-2　滚动计划表

1 月份 很细	2 月份 较细	3 月份 一般	4 月份 较粗	5 月份 很粗
2 月份 很细	3 月份 较细	4 月份 一般	5 月份 较粗	6 月份 很粗

2. PDCA 循环法

PDCA 循环计划方法是美国管理专家戴明发明的，又被称为“戴明循环”。PDCA 计划方法划分为四个阶段：P 阶段、D 阶段、C 阶段、A 阶段，分别代表英语的“计划”“执行”“检查”“处理”阶段。PDCA 循环是指一切工作，干任何事都必须经过以下四个阶段。

（1）计划（plan）阶段。

这个阶段的工作主要是找出存在的问题，通过分析，制订改进的目标，确定达到这些目标的措施和方法。

① 摸清现状。

② 明确目标与要求。

③ 瞄准问题：找出差距，确定实现目标应关注的主要因素。

实现目标的过程就是缩小自身同目标之间的差距的过程。只有明确自己的能力、知识、观念等现状与所确定的职业生涯目标之间的差距，才可能有的放矢地采取措施弥补差距，保证目标的最终实现。

a. 思想观念的差距。只有与组织、社会相适应的思想观念，才能有效地促进个人的职业目标按计划实现。

b. 知识差距。分析了解当前自己知识水平和既定职业目标要求的知识水平之间的差距，通过针对性培训、进修等方式补充新知识，不断学习新知识并将其应用到工作实践中。

c. 能力差距。能力差距是指自己目前具有的能力与实际工作需求之间的差距。

d. 心理素质的差距。心理素质差距涉及一个人毅力、面对变故和挫折时的心理承受能力和情感智力（EQ）等。良好的心理素质能够使自己在关键时刻保持冷静的头脑、平和的心态，制订出正确的战略和实施方案。

④ 制订措施：根据上述问题制订对策，调整分阶段目标与计划。

（2）实施（do）阶段。

按照制订的计划和措施，严格地去执行。在实施过程中会发现新的问题或情况发生变化，如原来制订的培训内容等发生变化，则应及时修改措施计划内容，以保证达到预期目标。

（3）检查（check）阶段。

在分阶段完成计划时，根据所制订的目标和要求对其执行计划的结果实事求是地进行正确的评估。未完全达到目标也没有关系，可以为进一步改进提供机会。

（4）处理（action）阶段。

① 总结经验，巩固成绩。根据检查的结果进行总结，把成功完成计划的经验和失败的教训纳入自己信息库中，作为今后提高工作效率所积累的经验。与此同时，为了更好地提高自己的能力，寻找新的目标，开始新的 PDCA 循环工作。

② 出现新的或者是遗留问题，转入下一个循环。根据检查未解决的问题，找出原因，转入下一个 PDCA 循环中，作为下一个循环计划制订的资料和依据。对于新产生的问题，要不断总结经验，坚持改进，就会获得成功。

PDCA 理论的循环特点是环环相套、相互促进，周而复始、不断循环，螺旋式上升和发展。PDCA 循环的四个阶段并非是截然分开的，而是紧密衔接连成一体，各阶段之间也不存在一定的交叉现象。在实际的工作中，往往是边检查边总结调整计划，不能机械地去理解和转动 PDCA 循环。正因为每次循环都有所提高，才使得大学毕业生就业水平不断提高。

案例探析

计划与目标

1984 年，在东京国际马拉松邀请赛中，一名叫山田本一的日本选手夺得了世界冠军，爆出了个大冷门。在这之前，他成绩平平。

当记者问他依靠什么取得如此惊人的成绩时，他说："凭智能战胜对手。"

但很多人内心里都认为这个选手取得冠军纯属偶然。

10年以后，这个选手在他的《自传》中是这么写的："每次比赛之前，我都要乘车把比赛的路线仔细看一遍，并把沿途比较醒目的标志画下来。比如第一个标志是银行，第二个标志是一棵大树，第三个标志是一座红房子……这样一直画到赛程的终点。比赛开始后，我就以跑百米的速度，奋力地向第一个目标冲去，过第一个目标后，我又以同样的速度向第二个目标冲去。起初，我并不懂这样的道理，常常把我的目标定在40公里外的终点那面旗帜上，结果我跑到十几公里时就疲惫不堪了。我被前面那段遥远的路程给吓倒了。"

（资料来源：百度文库。）

二、职业生涯规划的评估

（一）评估的内容

1. 职业生涯目标评估（是否需要重新选择职业）

假如一直无法找到我们所希望的学习机会和工作，那么可以根据现实情况重新选择职业生涯目标。如果一直无法适应或胜任所制订的职业生涯目标，在学习、工作过程中得不到应有的发展，甚至导致我们长期压抑、不愉快；或职业给家庭造成了诸多的不便，家人反对所从事的职业，这时候就需要修正和调整职业生涯规划。

2. 职业生涯路径评估（是否需要调整发展方向）

当出现更适合自身发展和职业生涯发展的机会或选择，而原定发展方向缺少发展前景的时候，就可以尝试调整发展方向，选择新的职业发展路径。

3. 实施策略评估（是否需要改变行动策略）

如果在向目标努力的过程中，没有收到实际的效果，则可以考虑改变行动策略。

4. 其他因素评估（身体、家庭、经济状况及机遇、意外情况的及时评估）

如果家庭需要更多的照顾，可把更多的精力放在家庭上，甚至暂时放下工作。如果自身条件不允许，可放低对自己的职业要求或对生涯做出调整。

（二）评估的方法

1. 反思法

此方法是通过对职业生涯规划实践的回顾来评估自己的职业生涯设计是否合理。如反问自己以下问题：职业生涯规划中计划的学习时间达到了没有？学习上有什么收获？还有哪些问题没有解决？所使用的方法是否合理？还有哪些可以改进的地方？

2. 调查法

个人生涯规划在每一近期目标实现后，对下一步的主（客）观环境、条件做些调查、分析，看看条件是否发生变化：哪些变好了？哪些变坏了？总体如何？要对这些变化做到心中有数，然后根据变化了的情况恰如其分地调整和修改下一步的计划。

3. 对比法

在实施职业生涯规划时应多比、多思、多学，学习别人科学的方法，吸取别人有利的经验。分析别人的职业生涯规划，往往有助于个人对自己的职业生涯规划进行修改。

4. 求教法

把自己的职业生涯规划、追求公告于知己学友。自我反思通常十分困难，但别人能站在旁观者的角度清楚地看到你的弱点。虚心、主动地征求别人对自己计划的看法及修改意见，往往会令你受益匪浅。

（三）评估注意事项

评估可以参照各类短期、中期、长期预定目标和实际结果比照而行。一般来说，任何形式的评估都可以归结为自我素质和行为对现实环境的适应性判断，分析自己现在的情况和变化了的环境，然后比对所确定的目标，找出偏差所在，并对计划做出修正。

1. 抓住最重要的内容

在职业生涯的某一阶段，总有一个最重要的目标，其他目标都是指向这个核心的，我们完全可以通过优先排序，重点评估那些可能达到这个核心目标的主要策略执行的效果。

2. 分离出最新的需求

针对变化了的内外环境，要善于发掘最新的趋势和影响。对于新的变化和需求，要弄清楚怎样的策略才是最有效而且最有新意的。

3. 找到突破方向

有时候，在某一点上取得突破性的进展，将对整个局面产生意想不到的改变。想一想，先前职业生涯规划中的策略方案，哪一条对于目标的达成应该有突破性的影响？达到了吗？为什么没达到？如何寻求新的突破？

4. 关注弱点

管理学中有个著名的木桶理论，即一只沿口不齐的木桶，其容量的大小不取决于最长的那块木板，而取决于最短的那块木板。在评估过程中，当然要肯定自己的长处与取得的成绩；但更重要的是切合变化的环境，发现自己素质与策略的“短板”，然后想办法修正，或者把这块短板换掉，或者接补增长。唯有如此，你这只职业生涯的木桶才能有更大的容量。一般来说，你的短板可能存在于下列方面：观念差距、知识差距、能力差距、心理素质差距。

三、职业生涯规划的反馈与修正

在职业生涯规划过程中，最后一个步骤是信息反馈。所谓反馈就是沟通双方期望得到一种信息的回流。由于现实社会中不确定因素的存在，会使个人与原来制订的职业生涯目标有所偏差，这就要求我们不断地反省，并对规划的目标和行动方案作出调整，从而保证最终实现人生理想。从这个意义上说，反馈调整就是一个再认识、再发现的过程。这就要求我们时时注意内外环境的变化，不断地审视自我、不断地调整自我、不断地修正策略和目标，这个过程就是反馈，它可以确保个人生涯规划的有效性。

（一）反馈与修正的内容

获得反馈信息后，常常要根据评估的结果进行目标和策略方案的修订。修订的内容包括：职业的重新选择、职业生涯路线的选择、阶段目标的修正、实施措施与行动计划的变更等等。在这期间要做到谨慎判断，果断行动。谨慎判断就是无论变化多大，都要在理清来龙去脉后再做判断；果断行动就是要在判断后立即采取行动，重新修订自己的生涯设计，从而保证职业生涯的健康顺利发展，最终实现人生的职业理想。

（二）反馈与修正的目的

通过反馈评估和修正，可以达到下列目的。

（1）对自己的强项充满自信（我知道我的强项是什么）。

（2）对自己的发展机会有一个清楚的了解（我知道自己什么地方还有待改进）。

（3）找出关键的有待改进之处。

（4）为这些有待改进之处制订详细的行为改变计划。

（5）以合适的方式答复那些给予反馈的人，并表示感谢。

（6）实施你的行动计划，确保你能取得显著的进步和成就。

（三）反馈与修正的注意事项

（1）找一位职业导师，职业生涯规划是一个复杂的过程，我们需要付出自己的全部精力，但如果能够得到一位前辈的职业指导，将会帮助我们更加清楚自己的目标去向，更能掌握发展的策略，会大大加速达成目标的进程。

（2）把目标和行动计划放在容易看到的地方，不断提醒自己要坚持不懈。有不少人在制订了规划以后就将其束之高阁，这是导致职业生涯规划失败的最大原因。为了保证规划的有效实施，一般来说，至少要每三个月就检查一下自己的行动进度。同时，还需经常审视职业目标和行动计划，必要时做出调整。

（3）针对自己需要提高的方面，从课堂培训、自学、辅导、实践、实习等多种方法中找到最佳方式，行之有效地缩小与目标的差距。

（4）职业生涯规划不是制订之后就一劳永逸的事情，需要不断检查、微调，必要时还可能做“大手术”。为此，我们必须时常审视自己处在何种位置、何种职业环境，尤其是市场需求有哪些变动，以3—6个月的周期给自己的规划做一个反馈。

（5）生涯规划目标的修正不能过于频繁。目标是经过严密程序制订出来的，在制订时包括了对未来的预测和不确定性的估计，所以在对目标进行修正时必须要谨慎。如果变更频繁，目标就失去了严肃性，目标本身也就失去了意义。此外，还容易产生两方面的后果：执行目标时不认真，把目标当成摆设，使实现目标变得不可捉摸；制订目标时不严肃，搞形式主义，敷衍了事，目标的质量大打折扣。

第三节　职业生涯规划书范例

职业生涯规划书

规划人：陈小娟

＊＊大学＊＊学院计算机应用专业

一、我今后的十五年规划

（2019—2033 年，21—35 岁）

总体目标：完成大学阶段本科、硕士的学习并取得相应学位，进入微软亚洲研究院，成为高层管理者。

美好愿望：事业有成，家庭和睦幸福。

二、自我评估

就自身而言，我认为自己拥有这些优点。

（1）性格外向、开朗，具有较强的人际沟通能力；

（2）兴趣与爱好比较广泛，除了对计算机最为热爱而在大学期间学习计算机专业外，我对经济、文学以及音乐也比较感兴趣，同时还比较关心体育方面的新闻；

（3）在大学期间一直担任学生会干部，做事情认真负责，有较强的组织协调能力；

(4) 有很强的学习愿望和能力，渴望了解未知的一切。

同时，我也有意志力不强、比较懒惰、容易冲动、虚荣心较强、做事急躁等缺点。

三、环境分析

（一）社会环境分析

我们现在拥有一个非常好的宏观环境，中国社会安定，政治稳定，法制建设不断完善，文化繁荣自由，尖端技术、高新技术突飞猛进，经济发展迅速。加入 WTO 后，与全球一体化接轨，在全球经济一体化环境中扮演重要的角色，有大批的外国企业进入中国市场，中国的企业也将走出国门。

（二）行业环境分析

从市场总体发展情况来看，伴随着中国逐渐成为全球 IT 企业关注的重心，中国 IT 业市场的竞争日趋激烈。中国不但已经成为全球重要的 IT 制造中心，同时也逐渐扮演全球 IT 研发中心的角色。良好的国内经济环境使中国 IT 行业市场继续保持平稳的增长，蓬勃发展的中国软件与 IT 服务市场吸引了众多新的进入者。

展望未来，中国国民经济将继续保持稳步的增长，中国行业和企业信息化建设将进一步深化，消费者消费水平逐步提高，中国 IT 行业市场具有良好的发展前景。

机遇与挑战并存，大浪淘沙，唯有具备实力者才可脱颖而出，从而取得成功。

（三）企业环境分析

我的理想企业是微软亚洲研究院。微软亚洲研究院是微软公司在海外开设的第二家基础科研机构，也是亚洲地区第一家基础研究机构。这一战略投资显示了微软公司对中国及整个亚太地区经济发展潜力的巨大信心和对本地区信息产业发展的郑重承诺。

微软亚洲研究院提倡开放、自由、平等的学术风气，一直在努力营造一种奋发、进取与和谐的环境。始终强调自由、真诚和平等，强调成员之间相互信赖、相互尊重、相互协作。资历的区别和级别的差异都不能够阻碍成员之间坦率地交换意见和探讨问题。研究院承诺为每一位才华横溢的研究人员提供丰富的研究资源和长期性的支持，这种支持包括充裕的科研经费、丰富的研究资源以及开放自由的科研环境。研究院鼓励每一位研究人员要有长远的眼光和富于冒险的精神。同时，研究院鼓励研究人员要加强与外界的交流，包括第一时间接触世界领先的研究成果，倾听产业先驱的声音，也包括与不同高校和研究机构进行持久而有效的合作。

四、职业目标分解与组合

总体职业目标：微软亚洲研究院高级管理者。

（一）2019—2024年

学历目标：硕士研究生毕业，取得硕士学位；参加GRE和TOEFL英语能力考试，取得较好成绩。

职务目标：微软亚洲研究院某项目组正式研发人员。

能力目标：通过学习实践，掌握扎实的专业功底，拥有一定的科研能力，在国际权威刊物上发表2—3篇论文；并且通过参与科研工作和企业实习，将所学与实践相结合，与产品研发相结合；能流利运用英语与人交流，且能熟练阅读英文书刊杂志。

（二）2024—2028年

职务目标：微软亚洲研究院某项目组的领导者。

能力目标：熟练处理本职务工作，工作业绩在同级同事中居于突出地位；熟悉研究院运作机制及企业文化，能与公司上层进行无阻碍的沟通。

（三）2028—2033 年

职务目标：微软亚洲研究院高级管理人员，相关领域的计算机专家。

能力目标：科研能力突出，在国际权威大会上展露风采；形成自己的管理理念，有很高的演讲水平，具备组织、领导一个团队的能力；与公司决策层有直接流畅的沟通；具备应付突发事件的心理素质和能力；有广泛的社交范围，在业界有一定的知名度。

五、计划实施

（一）学习生活规划

1. 本科阶段

（1）大学二年级：通过国家英语六级考试；增强个人的专业素养，锻炼编程能力。

（2）大学三年级：刻苦学习本专业的专业基础知识，努力做到融会贯通；积极参与科研工作，初步具有研究的能力；坚持对英语阅读、写作和口语等技能的学习；初步为考研做准备。

（3）大学四年级：独立认真完成毕业设计，撰写高质量的毕业论文；积极准备考研相关事项，争取考上北京重点院校。

2. 研究生阶段

（1）学以致用，牢固掌握所学知识，扩大知识面，为参加工作做好准备。

（2）完成研究生毕业论文，顺利完成学业，争取在国外权威刊物上发表论文。

（3）参加各种科研活动及社会活动，为将来就业做准备。

（4）参加一定的体育运动，以保证健康的身体和充足的精力。

（二）职业生活规划

2019 年：利用一年左右的时间，经过不断尝试和努力，初步找到适合自身发展的工作环境、岗位。

2020—2023 年：利用四年左右的时间，在所工作项目小组努力工作，熟练处理本职务工作，在国际权威刊物上发表论文；熟悉企业运作机制及企业文化，能与公司上层进行无阻碍沟通；锻炼组织领导能力；储备资金，积累工作经验。

2024—2028 年：利用五年左右的时间，进一步提升科研能力；形成自己的管理理念，进一步锻炼演讲水平，具备组织、领导一个团队的能力；学习与公司决策层有直接流畅的沟通；具备应付突发事件的心理素质和能力；有广泛的社交范围，在业界有一定的知名度。

六、评估与反馈

职业目标评估：若 3 年之内，我没有按期达到我的规划目标，我将继续朝着目标奋斗，争取在 3 年后达到目标，否则我会考虑重新制订规划日标和计划。

职业路径评估：假如考研没有成功，我会选择先参加工作再考研，坚持朝着目标奋斗，而若硕士毕业后没能马上进入微软亚洲研究院，我会选择先到其他公司参加工作再跳槽。

实施策略评估：既然已经定下规划，我将全力以赴将之付诸行动。

其他因素评估：随时了解情况，当问题出现时，做出适当的选择。

七、结束语

通过为自己制订一份职业生涯规划，我确立了一个明确的，在不同时期可以追求、可以为之奋斗的目标，不仅是对自己的未来职业做一个展望，而且在做职业规划的过程中，既帮助自己了解了当今的整个社会和行业的总体情况以及目前大学生的就业形势，同时还加强自己对自己的认识，在了解了自己的优缺点之后，在接下来的生活和学习中，在为梦想拼搏的时候，就可以多发扬自己的优点，修正自己的缺点……这些对于以后的就业也是大有裨益的。

莫等闲，白了少年头，空悲切！白岩松说，没有一代人的青春是容易的。青春只有一次，唯有在这段时间充分发挥自己的学习能力，培养并掌握美好人生需要的各种素质和能力，用它来实现我们的人生理想，才对得起无悔青春！

既然已经做好了人生的职业生涯规划，就让我们立刻行动起来吧！

下篇

大学生就业指导

DAXUESHENG JIUYE ZHIDAO

5

第五章

求职材料与心理准备

第一节　搜集有效的求职信息

就业信息处理的高效性直接影响到就业前景。求职信息的搜集处理是大学生求职应聘前的基本准备工作，大学生要根据目前的就业形势，及早准备、及早动手，在广泛搜集求职信息、了解市场动态的基础上，对信息进行分类、整理及筛选，为自己寻找更多的就业机会。

一、求职信息的搜集

（一）信息搜集原则

搜集就业信息是大学生成功就业的第一步，这一步能否走好，直接关系到其他环节能否顺利进行。大学生在搜集就业信息时，要遵循以下几个原则。

1. 准确性

即要求信息所反映的情况必须真实、可信，因为就业信息是否准确，直接影响毕业生此次的就业结果。必须坚持实事求是，在搜集信息的过程中，要边搜集边识别，排除那些不真实或不准确的信息，并且在识别时不要主观臆断，尽量做到客观评估。信息的准确性很重要，如果信息不能达到准确真实的要求，求职结果必然是失败的。

2. 针对性

随着人才市场的发展，求职信息日益丰富。如果在信息搜集过程中不注意针对性，那么就可能在众多的信息中把握不住方向，从而捕捉不到对自己最合适、最有价值的信息。这就要求大学生在搜集求职信息的时候，必须对自己有一个充分的认识，根据自己的特长、能力等各方面的因素综合考虑，然后有针对性地搜集相关求职信息，避免因搜集范围过大而浪费不必要的人力和时间。

3. 系统性

求职信息的搜集要求具有系统性特征，也就是要注重信息搜集的连续性和完整性，而不是随意搜集各种零碎的信息。大学生在搜集信息的时候，要将各种相关信息进行汇总、加工和提炼，形成一种能客观、系统地反映当前就业市场、就业动向的信息体系，从而为自己的就业提供更加可靠的依据。

4. 条理性

搜集的求职信息既要满足当前需要，又要适当考虑未来发展。搜集信息时要努力增加信息来源，拓宽搜集渠道，同时要持之以恒，坚持不懈。在开始信息搜集之前，先制订搜集计划，明确信息搜集的目的。只有目的明确，求职信息搜集才有方向。然后要明确自己所需要的求职信息的内容范围，要做到有的放矢，条理分明，而不是将所有信息统统搜集上来。另外，要正确选择信息搜集的方法和渠道，方法正确，就可以在信息搜集的过程中少走弯路，达到事半功倍的效果。

5. 主动性

大学生只有积极主动地去搜集信息，才能把有价值的就业信息捕捉到手，把握更多的机会。如今是一个信息时代，每时每刻都产生着大量的信息，信息交流的渠道也逐渐增多，因此，毕业生要熟悉求职信息的来源、特点，善于利用各种手段和方法去有效搜集信息，只是被动等待是不会获得全面适用的求职信息的。

（二）信息搜集的内容

毕业生需要搜集的求职信息，主要包括两大类：一类是宏观就业信息，即国家社会经济发展和人才供求状况、方针政策等；另一类是微观就业信息，即各用人单位具体的人才需求信息。关于用人单位的信息，要了解到位，不能模棱两可，很多信息都不容忽视。

1. 用人单位的需求信息

首先，要关注用人单位的人才需求信息，这也是大部分求职者通常关注的部分。要了解用人单位到底什么岗位需要招纳人才，在生源、学历、技能、性别、经验等方面都有什么样的要求和规定，这个岗位是否适合自己等。如果岗位要求与自己的能力不匹配，而且与自己的兴趣也相差甚远，那就不用做考虑了。其次，了解基本的岗位信息，对于应聘者准备材料也有指导作用，求职者可以根据岗位需求，将自己与岗位相匹配的能力特长突出出来，辅以相关材料证明自己的实力，以提高应聘成功的几率。

2. 用人单位的基本情况

在对岗位有了一定的了解之后，可以进一步对单位做一个整体熟悉。若打算应聘某个企业的岗位，就要知道这家企业的性质、规模、主要业务领域、发展历史、未来的发展战略、组织构成、文化理念等，通过多方面的信息介绍，初步对该企业形成一个基本认识，同时还可以通过相关论坛、新闻，发掘一些外界对该企业的评价，从而获得更多的信息。

3. 工作环境和时间

对于工作单位的地理位置、工作环境以及岗位所要求的工作时间也要调查清楚。工作是在室内还是室外，办公地点具体在什么位置，自己是否可以接受，工作环境是否符合《劳动法》规定的劳动保护条件，工作是否需要经常出差、加班，节假日是否能正常休息等。虽然有些人对工作环境不太在意，不管在什么样的环境下都可以努力工作，但有些信息还是提前掌握比较好。当然，目前的求职市场竞争十分激烈，求职者也不要对工作地点和环境过分挑剔。但无论怎样，对目前的选择多一点考虑总是会让自己有更多的准备。

4. 薪酬福利待遇

对于薪酬部分，要关注单位给予薪酬的范围。是否会有五险一金，是否有其他福利项目保障，薪资的基础和绩效部分如何计算，是否有附加条件，行业内同等职位的薪酬大致是什么水平，权、责、利是否对应等，诸如此类的问题都可以在信息收集时多做了解，以免到最后谈 offer 的时候，才发现公司给予的薪酬福利水平是自己不能接受的，那之前付出的时间和精力就都白费了。

（三）求职信息搜集的途径

1. 网络资源

随着互联网的普及，网上求职以其查询方便、信息量大、选择面广、不受时间地点限制等优势，在最近几年迅速发展起来。通过网络，求职者可以在几秒钟内查询到数万条信息，方便快捷地了解用人单位的背景资料、运营状况等，还可以在各种人力资源网站上发布个人求职信息，也可以直接将求职信、履历表等个人资料以电子邮件的方式寄给对方，可谓省时、省钱、省力，方便、快捷、高效。对于医学院的学生来说，就业方向相对比较固定，大都是与医疗卫生有关的事业单位、研究机构或医药企业等。所以在搜索招聘信息时，除了要关注大的招聘类网站，还要关注医学类的专门的招聘网站和各大医学院校的就业信息网等。

2. 社会资源

(1) 各地人才交流中心。各省、市、区大多建立了人才交流中心、各类劳务市场就业咨询机构，这是横向搜集信息的主渠道。人才交流中心的主要任务是收集、发布人才供求信息，办理人才交流登记，为用人单位招聘人才和个人求职做好中介服务和管理工作。这类中心是地方政府职能部门负责管理，其服务比较规范，通过它获得的信息会比较准确，就业的成功率较高。

(2) 就业市场。就业市场主要包括：大中专毕业生就业市场、各地方主管部门兴办的各类人才市场、劳动力市场。就业市场会不断收集用人单位的需求信息，定期举办人才交流会。进入就业市场，不仅可以收集到有关的就业信息，了解到许多不同的机构和职位，而且还提供了极好的面试锻炼机会，与感兴趣的用人单位进行交流，也会让自己获得许多意想不到的信息。

(3) 各种社会关系。在大多数情况下，用人单位更愿意录用经人介绍或推荐的求职者，他们认为这样录用的人更可靠、更放心。所以在求职时，千万不要忽视亲朋好友等社会关系的作用。家人、亲戚、朋友、老师、同学、校友甚至老乡等都可以成为你搜集就业信息的来源，且更高效可靠。

（4）直接获取信息。通过信函、电话或者直接到用人单位了解需求信息。这需要求职者有“毛遂自荐”的意识，并且对自己的意向单位有大致的了解和预测。这种形式主动性强，获取的信息最准确及时，弊端在于费时费神，且要投入较多的费用。

3. 传统媒体资源

在传媒业高速发展的今天，报刊、杂志、电视、广播等大众传播媒介也成为毕业生搜集就业信息的主要来源。各类大众传播媒介一般都有专门版面或固定时间，发布招工、招聘信息。这类信息直接、明确、具体地反映了人才需求方向，有心的求职者关注这类信息，从而为自己提供较多的就业选择机会。读好用好“招聘启事”，应当把握以下几个要点。

（1）发现“招聘启事”要快看、早看。及早掌握求职信息就可以早些采取行动，从而增加就业的成功率。

（2）广泛浏览各种报刊，留意各种场合可能出现的招聘广告。多掌握一条信息就多了一次机遇，从而获得广泛选择的余地。

（3）仔细阅读招聘内容。“招聘启事”大致包括三方面的内容：第一，用人单位概况；第二，招聘的专业、工种及数额；第二，应聘资格与条件。有的应聘者“只见其一，不见其二”，往往因误读了广告内容而使求职失败，这种教训应当汲取。

（4）注意招聘规定。“招聘启事”规定的报名日期、截止时间、考试日程要一一记清，不可因疏忽大意而错失机会。

（5）搜集相关信息。如果读了“招聘启事”认为自己符合条件规定，又有明确的应聘意向，便可以通过各种渠道搜集有关招聘单位的信息，了解其经营状况、工资待遇、社会保障、发展前途等，以增加自己的求职成功几率。

4. 招聘信息搜集的方法

招聘信息满天飞，从中搜集有用的求职信息并不是件简单的事，求职过程中该如何搜集对自己有用的信息？以下几种方法可供大学生参考。

（1）全方位的搜集法。

即只要是稍微相关的信息，都成为求职者搜集的对象。这种方法的优点在于：所获的信息面很广，选择的自由度大。但是它过于浪费时间，浪费精力。对于个人来说，没有必要选择这种方法，除非求职者想自己开办专门提供求职招聘信息服务的公司。

（2）方向定位搜集法。

主要是根据自己确定的职业方向，如求职行业范围来搜集求职信息，信息搜集不受地域环境的限制。

（3）区域定位搜集法。

此方法能够使求职者的注意力集中于某一地区。搜集信息时宜把注意力集中在所定区域的报刊杂志上，其他信息源也可以加以运用。

二、求职信息的处理

1. 科学筛选

由于信息的来源和获取的方式不尽相同，已经搜集到的大量的求职信息内容很可能是杂乱无章的，有的相互矛盾，有的虚假不实。因此大学生对于已经搜集到的需求信息，应结合自己的实际情况加以筛选处理，去伪存真，有目的、有选择地进行排列、整理和分析，只有这样才能使求职信息具有科学性和有效性，使之能更好地为自己的求职服务。科学地筛选求职信息需要注意以下几点。

（1）去伪存真，有效筛选。

面对众多的求职信息，要进行筛选和处理。这个过程简单来讲就是要结合自己的实际情况，对信息进行去粗取精、去伪存真，有方向、有条理地进行整理和分析，使得到的信息更具准确性和有效性，如用人单位的要求、具体岗位、发展空间、薪酬待遇、工作地点等，依次对信息进行筛选，这个过程主要基于大学生对自我的客观评估，以及对信息进行剖析。

（2）善于对比，把握重点。

这一点是处理信息的核心之所在。筛选信息的时候，要将与自己有关的信息按重要程度排序标明，一般的信息则仅作参考。主次不分，可能使你在求职过程中走很多的弯路、耗费过多的精力，有时求职者因为自己将时间花在众多的一般信息上，结果使自己错过了良好的机遇。因为信息并不为个人所独有，而且信息具有明显的时效性，谁赢得时间，谁就可能抢占主动，首先成功。因此要注意信息的时效性，如简历提交的截止日期、面试或笔试时间等。

对于医学类的毕业生来说，他们大多数的就业去向是事业单位、机关等这样有编制的地方，以医院为例，如果一个科室编制今年满了，那么今年再招聘新人的可能性就不大了，如果一个科室今年正好有人退休了，空出一个编制来，那么今年就有招聘新人的可能。一般来说，每个医院每年招聘的人数是有限制的，不同科室不同年份招聘的情况也是随着编制而变化的。假如毕业生对某一个医院的某几个科室或者不同医院的同一科室都很感兴趣，那么至少要搜集与之相关的近三年该科室的招聘信息，进行比对。一方面比对招聘人数，可以大致了解一个招聘的趋势，另一方面比对招聘的要求，看看有没有变化的地方，这些变化的地方肯定预示着招聘的侧重点，以便更好地了解招聘情况。

（3）了解透彻，充分利用。

对求职信息的充分利用，主要表现在求职者可以根据信息调整自己的求职策略。对于重要的信息，要注重寻根究底，争取对目标单位的历史、现状、未来等各个方面有一个清醒的整体认识。有些情况还要通过合适的方式或侧面进行了解，如果能详细掌握这些材料，就能在随后进行的面试中处于主动，从众多应聘者中脱颖而出，同时可以拉近自己与用人单位之间的距离，使面试官感受到你对面试的重视，以及进入公司发展的渴望。

对于医学类的毕业生来说，大多数人会选择医院就业，因此各大医院的招聘信息是毕业生关注的重点。而每个医院都有属于它自己的优势产业，或者说是特色专科。与此同时，每个医学院也有自己的特色学科。毕业生如果可以把两者联系起来，那么在应聘的时候会更加有优势。由于医学院毕业生就业方向比较固定，相对来说，对于某个医院，或者某个机关、企业来说，他们招聘的来源也会比较固定，比如，某个医院就可能更倾向于招聘某几个学校的学生，这一方面是由于专业特色相匹配，另一方面，也可能由于以往招聘过该校的学生，且印象良好。那么，作为毕业生，就可以通过就业指导中心的老师牵线搭桥，或者个人的关系向已经去过这个医院的学长、学姐侧面了解情况，向他们请教，进而掌握更多的招聘注意事项。条件允许的话，学校就业指导中心或者其他相关部门还可以请已经毕业的优秀学生回校给即将毕业的人做一些分享。

（4）求证归整，做好准备。

对于已经筛选过的求职信息，还要做信息的求证工作。可以通过电话、网络、实地访问等方式来了解用人单位各方面的情况，修正和补充有关信息，以此来验证我们筛选信息的真实度和时效性。而求职信息经过筛选和求证后，有时仍然是零碎纷乱的，这就需要我们对所有信息加以归整和分类，既防止了求职信息的遗漏，又方便了我们自己对所搜集的求职信息进行检索和查阅，使自己再利用这些信息时更加方便快捷，不至于出现有些求职者由于在前期随意投递简历，当用人单位致电通知其参加面试时，自己对该公司完全没有任何印象，并且自己也没有记录可以查询的情况。在此为大家列出一些信息整理的表格，以供参考（见表 5-1，表 5-2，表 5-3）。

表 5-1 个人就业信息管理表

个人就业信息管理库									
时间	单位名称	单位性质	招聘岗位	招聘人数	公司地址	联系电话	E-mail	网址	备注

表 5-2　招聘会、宣讲会信息管理表

招聘会、宣讲会信息管理库						
举办时间	名称	主办单位	地点	联系人	联系方式	备注

表 5-3　用人单位基本情况信息表

用人单位基本情况信息库			
单位名称		所有制性质	
所在地		联系方式	
经营范围		福利待遇	
发展前景		经济情况	
……		……	

2. 合理运用

求职信息的运用实际上就是在求职信息整理分析的基础上，利用可用信息付诸实施，进行职业知识能力提升、职业选择和职业确立的过程。毕业生只有充分利用信息，全面分析市场需求，不断加强自身学习和实践活动，使自身的知识结构、知识水平和综合素质适应市场标准，达成顺利完成择业这一过程，才算达到了搜集和分析筛选信息的目的。

求职重点目标确定后，就要及时主动与用人单位联系，询问面试时间、地点和要求，并按照要求准备好一套相应的应聘材料，使求职信息尽快变成供需双方交流沟通的纽带。求职信息的运用主要体现在三个方面：首先，要运用有价值的信息，及时有效地选择适合于自己的工作；要根据职业的要求和自己具备的条件，选择适合于自己的最佳职业。其次，要根据筛选出来的信息，发现自己的不足，调整自己的知识结构，提高自己的工作能力。如发现自己的哪方面课程和知识不足，要主动去学习；发现自己哪方面的技能欠缺，要及时参加训练，以便很快掌握，弥补自己的不足。再次，对就业信息的充分利用，还表现在可以分享那些对自己没用但对身边朋友同学有价值的信息上，通过分享信息帮助他人，在拓宽信息来源的同时，也体现了大学生互帮互助的良好素质。

第二节　制作专业的求职材料

在求职择业过程中，求职材料有着“敲门砖”般举足轻重的作用，推荐、面试、录用都离不开它，求职材料的好坏直接影响着就业能否成功。

一、个人简历

简历就是对个人学历、经历、特长、爱好及其他有关情况所作的简明扼要的书面介绍。基本上每一次求职都用得上简历，大部分用人单位也是通过简历来初步了解应聘者，简历的重要性可想而知。

（一）简历的基本内容

1. 标题

简历的标题一般为“简历”，也可以叫“求职简历”或“个人简历”。当然，也有些大学生把自己的简历名称起得很个性化，这需要根据你应聘的单位性质而定。如果是应聘国企、事业单位或研究机构，还是用朴实中庸的名字比较好；如果是应聘广告公司、艺术机构等，为简历起一个极具个性的名称更能抓住用人单位的眼球。

2. 个人基本信息

这里的基本信息包括求职者的姓名、年龄、籍贯、民族、政治面貌、毕业学校、专业、联系电话、邮箱等。特别需要注意的是，在留下联系方式时，要留下自己的手机号码，这样方便用人单位随时都能找到你。最好不要留家里的电话，因为在真实的招聘中，出现过不法分子通过大学生留下的家里电话进行钱财诈骗。

3. 求职目标

求职目标是表明你此次求职希望得到什么样的工作，并可展示你未来能有什么作为。要结合自己的实际情况去选择求职目标。如果求职目标不明，招聘人拿到简历后，不知道你想做什么，也不愿花时间去推敲，就直接把你的简历都PASS掉了。最直接也最让HR喜欢的是：能一目了然地看到你应聘的职位名称。

4. 学习经历

在这一栏中，列出高中到最高学历获得的学校名称，包括就读的起止时间、所读专业，便于用人单位对你的求学经历有个大概的判断。在排列就读学校时，一般按时间顺序由近及远排，最先列的一条应该是你的最高学历。

5. 所学课程

列出大学期间的所学课程，便于用人单位了解你的知识结构，也是展现你能胜任该职位的证明。

6. 科研成果

科研成果对于本科生来说一般较少，主要是对研究生、博士生而言，现在很多单位会根据科研成果，比如论文发表数量、承担科研项目等来对简历进行评分。

7. 实践经历

实践经历是简历中的核心内容，尤其是近几年，用人单位对大学毕业生的实践经验越来越看重。在这部分内容写作时，如果有实践经历的，可以把自己的实践经历如实描述，但在描述时注意技巧，尽量避免使用比如“承担大量的工作”“做出了卓越的贡献”“获得不俗的成绩”这种华而不实的形容词，这是用人单位最不喜欢看到的。用人单位需要看到毕业生实实在在地在实践工作中做过什么，最好能用数据来说明。这一点尤其在应聘外企、银行时更需要注意。如果没有社会实习经历，大学生可以将在学校组织过的活动、参与过的工作、假期社会实践活动、有价值的兼职经历适当提及，让用人单位从大学生平时的活动中判定出你的爱好、能力等。

8. 成绩和获奖情况

在这一部分中，要如实地展示大学生在校时的成绩、年级排名，如果排名不是很优秀，则避免提到排名情况。获奖情况指获得的奖学金或学校其他嘉奖等情况，这部分要求真实，不能弄虚作假，否则一旦被用人单位发现，你的诚信度就会大打折扣。

9. 职业技能

包括你的外语水平、计算机水平、专业相关认证。对于医学类专业的毕业生来说，应聘的多是特定的职业，则需要说明与之相应的资质证书，比如，医师资格证、护士资格证、法医资格证、药剂师资格证等，这些证书是胜任应聘职位的有力说明。

10. 特长及爱好

这部分可以根据实际情况具体调整。如果你的特长与你应聘的职务有很大的联系，那可以列出来，为自己的应聘加分，也方便用人单位全面地了解你。

11. 照片

简历上附上照片，主要是为了获取良好的第一印象，更好地展现自己的风采，但不宜与真人反差太大。如果使用与真人相差太大的艺术照，很容易在面试时给面试官造成较强的心理落差，从而影响面试结果。因此，建议选择拍摄较好的一寸免冠照即可。尽量不使用艺术照，不仅失真，还不太正规，也不要用“大头贴”，这样只会显得你很幼稚，而不是有特点。如果认为自己的形象不能为自己加分，那么除非用人单位特别要求，否则可以不在简历上附照片。

表 5-4 和表 5-5 为两份简历模块。

表 5-4　简历模板一（供应届毕业生参考）

个人简历	
个人概况：	
求职意向：________________	
姓名：____________________	性别：________
出生年月：____年__月__日	健康状况：__________
毕业院校：________________	专业：____________________
电子邮件：________________	联系电话：________________
通信地址：________________	邮编：____________________

（续表）

教育背景： ____年—____年____________大学____________专业（请依个人情况酌情增减） 主修课程： ________________________________（注：如需要详细成绩单，请联系我） 论文情况： ____（注：请注明是否已发表） 英语水平： * 基本技能：听、说、读、写能力 * 标准测试：国家四、六级；TOEFL；GRE…… 计算机水平： 编程、操作应用系统、网络、数据库……（请依个人情况酌情增减） 获奖情况： ____________、____________、____________（请依个人情况酌情增减） 实践与实习： ____年__月—____年__月____________公司____________工作 ____年__月—____年__月____________公司____________工作（请依个人情况酌情增减） 工作经历： ____年__月—____年__月____________公司____________工作（请依个人情况酌情增减） 个性特点： ________________________（请描述出自己的个性、工作态度、自我评价等） 另：   （如果你还有什么要写上去的，请填写在这里） * 附言：（请写出你的希望或总结此简历的一句精练的话） 例如：相信您的信任与我的实力将为我们带来共同的成功！或希望我能为贵公司贡献自己的力量！

（资料来源：广东应届生求职网。）

表 5-5　简历模板二

<table>
<tr><td colspan="5">基本资料</td></tr>
<tr><td>姓名</td><td colspan="3"></td><td rowspan="6">个人照片</td></tr>
<tr><td>出生年月</td><td colspan="3"></td></tr>
<tr><td>生源地</td><td colspan="3"></td></tr>
<tr><td>身高</td><td colspan="3"></td></tr>
<tr><td>所在地</td><td colspan="3"></td></tr>
<tr><td>电话</td><td colspan="3"></td></tr>
<tr><td colspan="5">综合信息（经历、证书、技能）</td></tr>
<tr><td>毕业院校</td><td></td><td>专业</td><td colspan="2"></td></tr>
<tr><td>英语</td><td></td><td>计算机</td><td colspan="2"></td></tr>
<tr><td>校内表现</td><td colspan="4"></td></tr>
<tr><td colspan="5">工作实习经历</td></tr>
<tr><td>单位</td><td colspan="4"></td></tr>
<tr><td>职能</td><td colspan="4"></td></tr>
<tr><td>工作说明</td><td colspan="4"></td></tr>
<tr><td colspan="5">自我评价</td></tr>
<tr><td colspan="5"></td></tr>
<tr><td colspan="5">意向应聘职位：＊＊＊</td></tr>
<tr><td colspan="5">对应聘岗位-销售业务的认识：</td></tr>
<tr><td colspan="5">自己适合这个职位的原因：</td></tr>
</table>

（资料来源：广东应届生求职网。）

二、求职信

求职信就是一种附带个人介绍的信件，通过对自身能力的表述，引起对方的重视和兴趣。通常来讲，求职信的内容应当简明扼要、条理清晰，篇幅最好不超过一页。一份好的求职信能体现求职者清晰的思路和良好的表达能力，换言之，它体现了你的沟通能力和性格特征。

（一）基本内容

1. 标题

标题要醒目、简洁，通常写在正文正中上方，可直接写“求职信”或“自荐信”。

2. 称呼

在求职信的开头要注意收信人的称呼，对不同的用人单位要注意用不同的称呼，例如可以通用“尊敬的××先生/××女士/××经理”等，然后在称呼后面加一个冒号。如果在投递求职信之前已经明确对方的接收人是谁，就可以明确写“尊敬的李先生/尊敬的王女士”等。事实上，每个人事主管都喜欢看到自己的名字出现在求职信的开头，这样可以使他们在心理上感觉你是为了这个职位专门写了这样一封求职信，起码在诚意上你已经比那些统一称呼的求职者略胜一筹。

3. 开头

在开头部分可以说明求职信息的来源和应聘的工作岗位，例如“您好！我从我校的就业指导网上看到了贵公司的招聘信息，对市场助理一职十分感兴趣，拟应聘此职位”。切忌在开头啰唆，说一些离题万里的套话，让对方感到莫名其妙或是产生反感情绪。

4. 主体

这是求职信的中心部分，可以先讲自己求职的理由、目标，说明你的意愿，理由要合乎情理，目标要明确。然后可以简明扼要地介绍一下自己，重点是介绍自己与应聘岗位相关的学历水平、经历、成绩等，让用人单位从一开始就对你产生兴趣。同时也可以表达自己对用人单位的认识，例如对企业文化或价值观的认同，这会引起用人单位的好感，但最多只能用一两句话，点到即可。最后还可以通过之前的实践工作体现自己的潜力，体现自身的发展培养空间。

5. 结尾

求职信的结尾通常是进一步强调求职的意愿，表达求职的诚心，力求获得一次面试的机会。同时也要用简短的语言表示对用人单位的谢意或祝愿，例如“静候您的回信”“在此致以最诚挚的祝愿”等。

6. 落款

最后，不要忘记按照书信格式写上“此致”“敬礼”，并署上自己的名字和日期。

范　例

求职信范例

尊敬的领导：

您好！近日在招生就业网上获悉贵医院正在招聘临床医生一职，我对此职位十分感兴趣，并且认为比较符合贵医院的要求，特此致信。

我是＊＊医学院临床医学系临床医学专业＊＊级学生＊＊＊＊，将于＊＊＊＊年＊＊月毕业，届时将获得医学学士学位。在校期间，我全面系统地学习了学院开设的必修及各门选修课程，全部合格，先后通过了国家英语六级和计算机二级考试。多次获得综合奖学金，历任班组团支书、班组文娱委员、学院团委办公室副主任、学院团委社团部副部长、学院大学生“乐韵”合唱团副团长、附属医院实习队副队长等职务，由于工作出色，多次被评为“学院优秀学生干部”“学院优秀团干部”“系三好学生”，是“＊＊医学院大学生综合素质四星级证书”获得者。

实习过程中，在老师的指导下系统地对内、外、妇、儿、传等各科常见病、多发病进行诊断与治疗，积累了一定的临床经验，掌握了基本技术操作，并初步能独立进行外科换药、拆线、清创、缝合、胸穿、腹穿、腰穿等基本操作。能在指导下完成如阑尾切除、大隐静脉抽剥术、石膏外固定等简单手术；初步掌握呼吸、循环、血液、内分泌、泌尿生殖等各大系统的内用药原则，受到老师、领导、病人及家属的一致好评。

我热爱贵医院所从事的事业，殷切地期望能够在您的领导下，为这一事业添砖加瓦，并且在实践中不断学习、进步。最后，非常感谢您在百忙之中给予我的关注。随信附上我的简历，如有机会与您面谈，我将十分荣幸。联系方式如下：××××。即使贵医院认为我还不符合你们的条件，我也将一如既往地关注贵医院的发展，并在此致以最诚挚的祝愿。

此致

敬礼

×××

××××年××月××日

（资料来源：作者根据网络资料整理改写。）

（二）写作技巧

1. 态度真诚，摆正位置

写求职信前，首先应该想公司要我来干什么，或者换句话说，不应该写自己需要什么、获得该职位对自己有什么好处，而应该写自己能为公司做些什么。有了这样的态度，才能摆正位置。另外，在写求职信时，要诚恳礼貌，切忌自吹自擂、炫耀浮夸，怯懦退缩、缺乏自信也是不可取的。

2. 整体美观，言简意赅

求职信文字的整洁美观很容易引起用人单位对求职者的好感。现在有很大一部分毕业生的求职信都用计算机打印出来，但如果你的毛笔或钢笔字写得很好，建议你用手工工整整地书写一封求职信，这样能给人以亲切之感，同时也向用人单位展示了你的特长，显示了你的能力。不管手写还是打印，都应言简意赅。一般而言，求职信以A4的纸张一页为宜。如果确实有内容，也不宜超过两页。此外，在写求职信时应打好草稿，反复推敲，看意思是否清楚、用词是否得当、内容是否简练完整等。

3. 富有个性，有的放矢

求职者在开头应尽量避免写许多客套话、空话，要以一句简朴的“您好”直接切入主题，如“从人民日报得知贵单位招聘人才的信息”，这也能使单位主管感到单位名声在外，广告费没白花，无形中增加了好感，或者也可以用一两句富于新意的话吸引用人单位。比如，一位在外地求学的毕业生给家乡所在单位写求职信时用“请接受一名家乡籍在外求学的学子对您的问候！”一下子就拉近了与用人单位之间的距离。求职信的核心部分是介绍自己胜任工作的条件，这并非多多益善，而是要有针对性，有的放矢。所以，在动笔之前要着眼于现实，对用人单位情况要有所了解，以事实与成绩恰如其分、有针对性地介绍和突出自己的特长。

4. 以情动人，以诚感人

要摸透对方的心理，然后根据你与对方的关系采取相应的对策。在注重以情动人的同时，还要以“诚”感人、以“诚”取信，即要态度诚恳、诚实，言出肺腑。内容实事求是，言而可信，优点要突出，缺点不隐瞒；恭敬而不谄媚，自信而不自大。只有“诚”才能取信于人，得到用人单位的重视。

（三）撰写求职信的误区

第一，面面俱到、篇幅太长。不少求职者认为要让用人单位充分了解自己，就必须在求职信中全方位地介绍自己。殊不知这样做恰恰会让一些用人单位并不关心的信息淹没了自己的闪光点，所以求职信应短小精练。

第二，辞藻华丽、抒情过多。求职信中出现太多华丽的词语，非旦打动不了用人单位的领导，反而会给人一种哗众取宠、幼稚无知的感觉。所以，写求职信不要过多地运用形容词，尽量使用简洁、平实的词汇，不要为了显示自己的写作水平而随意地抒发情感。

第三，行业不熟、职业不明。求职者在求职信中可以尽可能地表明自己对所求行业或岗位的熟悉程度，这样可以使用人单位感受到你对期望所从事的工作有一定的业务基础，或者起码可以显示出你关注该岗位。有的求职者因担心有些岗位竞争激烈，不愿错过机会，在求职信中写“愿意在贵单位任何职能部门工作”之类的话，这种表达其实恰恰表明了你任何职位都不适合。

第四，过分自信、自视过高。自信是优点，但过于自信就是自负了。有的求职者根据自己在学校时的良好表现，或是某些活动中的成绩就断言自己一定能胜任某某工作，甚至大言不惭地说：“我相信我一定会比前任做得更出色，聘用我不会让您失望……”这种过分的自信导致了逻辑上的推理错误，学习成绩优异、参加校园活动丰富，也不一定就能完全胜任目前的工作。而且有时候由于求职人的过分自信，求职信中经常会使用“我认为”“我看”等字眼，或直接说“为什么不能给我一个面试的机会?”这种表达方式都可能会让人事主管感觉你不成熟、自大，不能客观地对自己做出评估。霍森曾在《科技写作入门》中提出：写信的时候，要考虑到读信的人的感受，考虑他们的需要、特点以及方便，采用“对方姿态”的写作方式，也就是说信中的“你”要比“我”更重要。

第三节　保持良好的求职心态

就业是关系到每个毕业生个人前途的大事，是人生的一个重大转折，也是对个人综合素质尤其是心理素质的一次考验。大学生必须从实际情况出发，积极调整自己的就业心理，保持积极而稳定的心态，从而顺利就业、健康成长。

一、大学生常见求职心理问题

心理问题也叫心理障碍，主要指心理承受能力相对过小的个体由于心理压力过大而导致的一种心理失衡现象。个体的不同，导致心理障碍有着多种多样的表现形式，同样的表现形式所呈现的程度也有不同。在求职就业过程中，一般求职者都会存在着不同程度的心理障碍，主要表现形式有以下几种。

（一）就业过程中的自卑心理

大学生就业自卑心理，指大学生在就业时主观地认为自己不如其他竞争者。其中，一部分毕业生面对激烈的竞争压力，只看到就业竞争中的阴暗面，悲观地认为自身专业知识、专业技能及综合素质不如其他同学，或家庭关系不如其他同学，在求职的时候一味地退缩，自动放弃了很多不错的就业机会。当求职失败一次次发生时，他们的自卑感就越来越强烈，渐渐转化为自卑心理。有这种自卑心理的大学生往往没有信心和勇气积极面对用人单位，不能充分展现自己的长处，从而使就业机会白白流失，而失败的经历又进一步加重了他们的自卑心理。

（二）就业过程中的矛盾心理

大学生就业矛盾心理，指大学生对自己毕业后的工作和生活充满了希望和憧憬，在择业过程中，既希望单位环境优越、工作轻松、待遇丰厚，又希望专业对口、职业发展空间较大，但是现实往往很残酷。梦想与现实的差距导致毕业生产生了矛盾心理，最终造成了毕业生的就业失败。

（三）就业过程中的从众心理

大学生就业从众心理，指大学生在周围环境的影响下，放弃自己的意志而采取与多数人相一致的行为。导致这一心理误区产生的原因有很多，尤其是我国的现行教育制度，即应试教育的方式，使大学生在学校期间接受的更多的是填鸭式教育，较少对自我进行探索，升学的压力不允许他们有太多个性化的发展。因此，到了大学毕业找工作的时候，很多毕业生根本不清楚自己的兴趣所在，也不清楚自己适合做什么工作。看到周边同学做什么，自己就跟着做什么，比如近些年出现的“公务员热”“留学热”“考研热”等现象。

（四）就业过程中的自负心理

大学生就业自负心理，恰好与自卑心理相反，是毕业生自信过度产生的心理问题。一部分名牌大学、紧俏专业的毕业生因为自觉自己综合条件高人一筹，在就业时产生一种自负心理。在这种心理的支配下，他们往往抱着“这山望着那山高”“皇帝的女儿不愁嫁”的态度，嫌这个单位工作环境不好、那个单位薪酬福利不高，挑肥拣瘦，以致失去许多好的就业机会。

案例探析

认清自己　合理定位

大四学生在参加招聘会时感悟到：保持自信与热情，在没有足够资本之前要尽量放低姿态。穿梭在应聘人群中，我体会到最主要的问题是当讨论到薪酬待遇时，往往不能达成共识。大学生中有一部分人过高地估量自己，没有清醒地认识自己，低层实践在他们眼中好比是“大材小用”。然而对于企业而言，他们所需要的人正是那些能够放下架子从基层干起，合理定位自己的高素质人才。大学生太过于看重自己所谓的高等学历，不能理智地自我定位，在就业中必定要吃亏。

（资料来源：豆丁校园。）

（五）就业过程中的攀比心理

在大学最后一年的求职过程中，免不了会出现一部分同学工作找得好，一部分同学找到的工作很一般，还有一部分同学尚未找到工作的情况。如果老是拿身边同学的就业情况来对比自己的就业情况，就会形成攀比心理。毕业生在这种心理的影响下，即使某单位非常适合自身发展，但因待遇方面或工作地点比自己的同学差，就决定放弃机会，然后再找其他的单位，试图找到同学之中最好的工作。其实这是虚荣心在作怪，盲目攀比的结果就是错失工作机会。近年来，在攀比心理的促使下，出现了一些“offer 帝”，就是拿到一家用人单位的意向书还不满足，还想寻找更好的单位，于是自己手里边拿着好几份 offer，这种情况一来导致违约现象的大幅增加，二来耽误了其他同学的就业。

（六）就业过程中的依赖心理

大学生就业依赖心理，是指一部分应届大学毕业生在处理事情方面缺乏一个大学生应有的分析解决问题的能力。在择业上的表现为：对应聘单位的看法不是凭自身思考来判断，而是单纯地听取父母老师的意见，自己无法单独做决定，表现出较强的依赖心理。当然，对于择业这样的大事，适当地征询长辈的意见是应该的，因为他们的社会经历丰富，但他们的意见只能作为参考，不能成为为自己拿主意的主体，过度的依赖也是大学生思想不成熟的表现。

（七）就业过程中的急于求成心理

在大学生求职群体中，很大一部分人都怀有急于求成的心理，这种心理也是受上一代人的影响，我们的父辈很多都是在一个岗位上度过了自己的一生，因此他们认为，只要我们能找到一份好工作就能安安稳稳地过一辈子。其实，从主观而言，稳定因素在很大程度上取决于自己的事业心和责任感；从客观而言，我国现在正在进行人事制度改革，所谓稳定的职业实际上也是不稳定的，企盼一份又轻松、又挣钱、又稳定的工作过一辈子的想法是不现实的。

二、就业心理问题调适方法

择业本身就是大学生认识和适应社会的一个过程，在择业过程中遇到困难，遇到许多心理冲突、困惑，产生一些不良情绪是常见的，不足为怪。关键在于毕业生应当找出产生各种消极心理的原因，积极地进行心理调适，从而达到顺利就业的目的。

心理调适，是指改变或扩大个体原有认知结构，以适应新的情况或新的过程。心理调适的作用在于帮助大学生在遇到挫折和冲突时，能够客观地分析自我与现实，有效地排除心理困扰，控制和调节自己的情绪，从而保持一种稳定而积极的心态，维护自己的身心健康。下面将介绍几种调适就业心理问题的方法，以帮助毕业生在求职过程中保持健康的心理。

（一）悦纳自我，树立自信

1. 正确认识自我

“人贵有自知之明”，全面而正确的自我认知是悦纳自我、树立自信的基础。正确认识自我就是对自己的能力、性格和优缺点都能做出恰当的、客观的评价；对自己不会提出苛刻的、非分的期望与要求；自己的生活目标和理想也能定得切合实际，因而对自己总是满意的。

正确认识自我也是进行自我心理调适的基础。只有科学冷静地评价自己，才能恰当地确立自我发展的方向，实实在在地把握现在；才能在社会情境中找到自己恰当的位置，才能理解他人、尊重他人，与他人和谐相处，被社会所接纳。

我们可以通过经常的自我反省、自我评价和听取他人对自己的评价、心理测量等方法来正确认识自己。

2. 悦纳自我

悦纳自我是对自己的本质持肯定、认可的态度，是自我意识健康发展的关键所在。一个人只有欣然地接受自我，才能有信心去面对真实的自己，才会自尊、自爱，珍惜自己的人格和名誉，注重自我修养，才会在就业过程中始终保持自信。

(1) 喜欢自己。

悦纳自我首先要接纳自己、喜欢自己、欣赏自己，看到自己身上的闪光点，坚信自己潜藏着大量待挖掘的能量，具有存在的价值。“天生我材必有用”，因而不必苛求自己做个十全十美的人。体会自我的独特性，并在此基础上体验价值感、幸福感、愉快感与满足感。

(2) 保持乐观、性情开朗。

马克思曾经说过：“一种美好的心境，比十副良药更能解除生理上的疲劳和痛苦。”在就业过程中，毕业生经常面临着各种压力，经常遇到各种挫折和冲突，有的同学碰到挫折时说：“哎呀，这种可笑的事情竟让我碰上了。”像这样以开朗的心情把自己的失败告诉他人的人，一定是一个充满活力的人。一个乐观开朗的人总是比旁人更容易接受现实，更容易正视现实中的自我。

(3) 全面地看待自己的优点和缺点。

每个人都既有长处又有弱点，接纳自己的不完美，树立正确的认知观念，人不能十全十美，每个人都有优点和缺点。个人要善于克服自己的缺点，扬长避短，充分地发挥自身潜力。

3. 树立自信

自信心是一种自我肯定的信念，在自我意识中往往以“我行”“我能行”“我是不错的”等观念存在与表现，并会有意无意地体现在个人的行为之中。自信是对自己的一种积极评价，它是一种勇于面对生活的信心和勇气，因此自信是事业成功的前提条件之一。大学生在择业求职时必须树立自信心，就是要在正确估量自己的情况下，鼓起勇气去迎接挑战，相信自己具备能求得合适职业的能力。

当然，自信不是自负自傲，自信要有资本和基础，这个资本和基础就是真才实学。面对日益严峻的就业形势，当代大学生首先必须树立建立在自己实力基础上的自信。自信是建立在客观评价自我的基础上，既不自傲也不自卑。

下面介绍几种提高自信的方法以供大家参考。

(1) 给自己积极的心理暗示。

自我心理暗示是指自己有意识地将某种观念不断强化，从而影响自己的情绪和行为。自我暗示有积极和消极之分，积极的自我暗示可以增强自信心，促进自我悦纳，激励奋进。例如，在求职应聘时，告诫自己“别紧张，放松点，这次一定能成功”。有些大学生喜欢将自己喜爱的格言写在明显的地方，时刻提醒自己，这也是一种积极自我暗示的方式。

大学生在就业过程中要经常意识到自己是充足的、有力的，用语言等暗示自己是积极的、是可以做到的。知足者常乐，不要总为没有得到的而烦恼；相反，要经常想到自己是幸福而充足的，相信凭借自己的意志、能力和奋斗精神，这些没能得到的东西总有一天一定能得到。这样就能增强自信心，驱除自卑感，保持心情舒畅。同时，要学会对自己适当的宽容，不要过分计较小的失误。

(2) 挺起胸膛，轻松稳健地走路。

心理学家告诉我们，步态的调整，可以改变心理状态。你仔细观察就会发现，那些遭受打击、受排斥的人，走路时都是懒懒散散、拖拖拉拉的，完全没有自信感。自信的人则是胸背挺拔，走起路来稳健轻松，他的体态告诉别人：“我真的认为自己不错！”挺起胸膛，并将自己走路的速度提高 25%，你的自信心就会慢慢增长。

(3) 练习正视别人。

一个人的眼神可以透露出许多有关他的信息。某人不敢正视你的时候，你会直觉地问自己："他想要隐藏什么？他怕什么？他是不是干了对不起我的事？"正视别人等于告诉他："我很诚实，而且光明正大，毫不心虚。"正视别人，这不但能给你信心，也能为你赢得别人的信任，特别是在求职面试时。

（4）练习当众讲话。

当众说话是建立自信最快的手段。在会议中或社交场合要尽量发言，记住：只要敢讲，就比那些不敢讲的人收获大。不用担心别人会反对你的意见，有人反对是正常的，正像总会有人同意你的意见一样，尽管大胆去说！

（二）自动调节不良情绪

在求职择业过程中，大学生应当自觉提高自我心理调适的主动性，当自身心理平衡难以维持时，应当根据自己心态的实际情况，选择各种方法来调节自己的不良情绪。

1. 理性情绪疗法

此法由美国心理咨询专家艾里斯（Albert Ellis）于20世纪50年代创立。人的情绪主要源于自己的信念以及对生活情境的评价与解释，即：对于诱发事件A（activating event），通过当事者对该事件的评价与解释，以及对该事件所形成的信念B（belief）这个桥梁，最终才决定产生什么样的情绪与行为后果C（consequence）。换言之，一个人情绪困扰的后果C，并非由事件起因A造成，而是由人对事件A的信念B造成的。所以，B对于个人的思想行为方法起决定性作用。如果改变非理性观念，调整了对诱发事件的认识和评价，领悟到理性观念，情绪困扰就消除了。

2. 注意转移法

英国著名化学家法拉第，由于长期紧张的研究工作，健康每况愈下。后来，他请了一位高明的医师，经过仔细询问和检查，医师开了一张奇怪的处方，没写药名，只写了一句谚语："一个小丑进城，胜过一打医师。"开始法拉第百思不解，后来逐渐悟出其中道理，便决心不再打针吃药，而是经常到马戏团看小丑表演，每次都是大笑而归。从此他的紧张情绪逐渐松弛，不久，头痛、失眠的症状也消失了。

注意转移法就是把注意力从消极情绪上转移到积极的方面去。在就业过程中，大学毕业生免不了会遇到不愉快的事情，此时可以去做点别的事情，积极有意地转移注意力，摆脱心理困境。当抑郁时，可积极地进行一些户外活动，如打打球、散散步，和知心朋友谈谈心等。当焦虑时，可找一部自己喜爱的休闲文学作品或影视作品看看。有条件的，可以到一个陌生的地方出游几天。因为从心理学角度来说，一个人一旦离开原来的生活环境，面对新的事物，心理环境往往会逐步开朗，有利于减轻和消除心理问题，走出心理困境。只要是无害的、能做下去、能转移注意力的事情，都可以去做。

3. 合理宣泄法

大学生择业中处于焦虑、抑郁等消极情绪状态时，不能一味地把不良情绪藏在心底，而应进行适当的宣泄，如向亲戚朋友说一说，或者自己写一写日记，还可以找个没人的地方大声喊一喊，把闷气喊出去，甚至有的时候还可以大哭一场。从心理健康角度而言，宣泄是消除心中怒火的极为有效的手段。宣泄可以减轻精神疲劳，使人变得轻松愉快。当然，宣泄一定要合理，要注意场合、时间等。

4. 自我安慰法

自我安慰即通常所说的文饰的方法。文饰是一种援引合理的理由和事实解释所遭受的挫折，以减轻或消除心理困扰的方式。它的表现形式可概括为“找借口”“阿Q精神胜利法”“酸葡萄效应”等。当一个人无法达到自己追求的目标，或想得到的东西得不到时，常常像伊索寓言里那只聪明的狐狸一样，吃不到葡萄就说葡萄是酸的，以冲淡内心的欲望，减少懊恼的情绪，减轻内心“求而未果”的痛苦。自我安慰法对于帮助我们在大的挫折面前接受现实、保护自己、避免精神崩溃是很有益处的。

5. 自我放松法

当感到身心疲惫、情绪紧张、焦虑烦躁不安、心理压力过大时，采用放松技术进行自我调适，可以排除杂念干扰，平静心绪，缓解心理压力，消除不良情绪。放松调节既可以采用动态方式，也可采用静态方式。动态放松是在烦恼忧愁或愤怒激动时，进行体育锻炼等较剧烈的活动，释放紧张的情绪，达到身心放松的目的。静态放松的主要方式有深呼吸放松法、音乐放松法、肌肉放松法等。

自我调适的方法还有很多，如代偿法、升华法、自我静思法、广交朋友法、幽默疗法等，这些都是应变的一些方法。但更为关键的是毕业生要树立正确的择业观，对择业要充满信心，要注意磨炼自己的意志，培养乐观豁达的态度，不要惧怕困难、挫折，要始终保持积极向上的精神状态和健康的心理。

（三）加强人际交往

建立良好而真诚的人际关系，是心理保健的重要途径。良好的人际关系可以满足大学生归属与安全的心理需要，能消除孤独感，增强学生的自信心和自尊心，帮助学生更理智地去对待不良情绪。师生之间、同学之间、朋友之间可以相互倾诉苦恼、分忧解愁，保持心情开朗。

就业时，遇到挫折产生不良心理时，大学生可以从良好的人际关系中得到关怀、惦念、安慰、理解、鼓励、帮助、支持，增强工作的信心和力量，最大限度地减少心理应激和心理危机感。同时，大学生也可以在关怀、惦念、安慰、理解、鼓励、帮助、支持他人的同时获得自我价值的肯定。

（四）提高耐挫能力

人们常说“失败是成功之母”，但并不一定所有的失败和挫折都能带来成长，有人会因此一蹶不振，有人则是在失败中找到重新出发的勇气。关键在于遭遇失败后个人如何进行心理调节。

大学生应努力从各方面提高自己的心理承受能力。在就业市场化、需求形势不佳、就业竞争激烈的条件下，遇到求职挫折是在所难免的，不能期望自己每次求职都能成功，要对可能出现的求职挫折有充分的心理准备。平时要调整自我心态，提高自己对各种突发事件的心理承受能力。遇到挫折时，要正确分析自己失败的原因，调整自己的求职策略。

挫折感产生后，首先要释放坏情绪。在挫折发生后的第一时间，情绪会占据一个人的心理。挫折是主观意志的实现受到阻碍，因此它所引发的情绪体验首先就是愤怒，此时个人就会带有一定的攻击性。只有很好地处理情绪，让心情变得平静，让失衡的心理取得平衡，才有可能冷静下来思考和改变行动。这是挫折后情绪处理的关键。其次，要重新获得心理平衡。当大学毕业生在就业时失去一样东西的时候，必然还可以从所有其他选择中获得另一样东西，从而获得心理平衡。再次，合理分析挫折产生的原因。自己受到挫折后，可以在情绪比较平静的时候，思考一下问题产生的原因，并反思自己的行为。“失败是成功之母”只说对了一半，失败后对问题加以反思并改变行动策略才有可能获取成功。失败了不反思，只会继续失败。最后，要勇敢地再试一次。在经历挫折以后，我们能否从容面对挫折，勇于喊出“再试一次”呢？很多时候，成功和失败只有一线之隔，而能帮我们跨过这“天堑”的，就是这“再试一次”的勇气。

总之，在就业、择业中遇到挫折时，大学生要能够用比较冷静和坦然的态度看待它们，将其视为锻炼的机会和前进的动力，要从中总结经验和教训，重新寻求目标。

思维拓展

求职心态三要素

1. 乐观向上

人们时常把当今的世界称为竞争的时代，大到国与国之间的对抗，小到人与人之间的竞争。竞争冲击着人们的事业和生活，冲击着人们的意识和思想。

如果在激烈的竞争中，没有乐观向上的拼搏精神和强烈的进取欲望，是很难获得成功的。相反，如果你是一位乐观向上、积极进取的求职者，总是能把每一个面试机会看成是千载难逢的好机会，可遇而不可求，那么新的成功就会向你招手。

2. 直面面对

直面面对是一位成功者的基本素质，无论是成功还是失败，只要自己付出了、努力了，就肯定会有收获，哪怕是拿钱买教训、吃亏长见识也是值得的。有这种心态的求职者在面试时就会不怕挫折、不怕失败，从而会大大增强面试时的自信心，这样在应对主考官的提问时，也会回答自如、理直气壮。即使遇到各方面能力都比自己强的竞争者，也不会自惭形秽。有了这种积极的求职心态，求职者一定会表现出极大的勇气和耐力，努力去寻找自己理想的工作岗位，直到自己成功为止。

3. 不卑不亢

具有这种态度的求职者首先会拥有极度的自信，他们会认为现在的应聘是双向选择，用人单位有权利去选择毕业生，而毕业生同样也有资格和权利去挑选一个适合自己专业和特长发挥的用人单位。有了这种想法后，求职者就会很自然地产生不卑不亢的态度，而求职面试时可能产生的恐惧、紧张心理会逐渐消失，从而更好地发挥出自己的应有水平。

（资料来源：豆丁网。）

二、端正态度，树立正确的择业观

大学生择业观是大学生走向求职市场的思想先导，它支配着大学生择业的方向、定位和抉择。因此，树立正确的择业观能正确指导大学毕业生在择业时做出理性、合适的选择。总的来说，在求职过程中，大学生要树立以下择业观。

（一）树立勇于奉献、不计得失的择业观

大学生走上工作岗位之后，便开始了一段新的人生旅程，无论你是从事哪一种行业、处在什么样的职位，首先应该考虑的是如何通过自己的辛勤劳动为组织创造更大的效益，如何在工作中提升自己的工作能力、学习能力、人际交往和团队合作能力。不能刚刚参加工作，就有攀比心理，和单位同事比收入、和同学比收入，要知道付出与收获成正比，作为刚入公司的新人，各方面的福利待遇势必是不会太好的。刚刚进入职场的大学生，只有积极地学习、无私地

奉献，才能在单位站稳脚跟，用优秀的工作业绩赢得领导和同事的信任。

（二）树立保持良好心态、注重职业发展的择业观

当今社会，随着就业竞争的日益加剧和收入的普遍提高，个人的发展空间和前途已成为大学生关注的焦点。在择业时，除了考虑薪酬待遇外，大部分毕业生更关心的是个人的职业发展和企业前景。作为初出茅庐的大学生，要调整好自己的择业心态，对自己的职业做好规划，不要只顾眼前利益，忽略长远的职业发展。

（三）树立终身学习、善于学习的择业观

刚进职场的大学生，需要学习的东西有很多，无论是工作技能、处理事情的方法，还是与同事相处的技巧，都需要毕业生虚心学习。职场上处处皆学问，只有不断学习、不断进步，才不会被时代淘汰，不会被组织抛弃。

（四）树立到基层、到农村去的择业观

面对严峻的就业形势，毕业生应当树立从基层做起的就业观。在年龄、精力、知识、信息、观念等诸方面，大学毕业生都是国家劳动力队伍中拥有独特优势的群体。在大城市、大企业的人才日趋饱和的情况下，农村和基层的广阔天地为大学毕业生施展才华、实现理想创造了条件。改革开放以来，我国农村的社会、经济、文化发生了翻天覆地的变化，也给大学生创造了大量的就业机会。大学生不妨在严峻的就业形势下另辟蹊径，去农村、基层寻找自己的事业，闯出新的天地。

（五）树立实现自身价值与社会价值相结合的择业观

大学生在择业时，要树立以大局为重的观念，尊重并保护国家利益、人民利益，只有将自身价值同时代发展和社会需要统筹兼顾、同步发展，才能更有利于实现自身的价值。

6

第六章

笔试与面试

第一节　备考笔试

笔试是用人单位对应聘人员的一种考核办法，其目的是用书面形式对应聘者掌握的基础知识、专业知识、文化素养、心理素质以及文字能力等方面进行综合考察。主要适用于应试人数较多、需要考核的知识面较广或需要重点考核文字能力的情况。在求职中，用人单位设置笔试过程是具有一定作用的，笔试不仅是用人单位对求职者的专业知识及文字表达能力的综合检验，并且笔试结果是根据一定标准答案评定出来的，有利于克服主考官根据个人喜好感情用事评定分数的缺陷，因此笔试试卷也是决定求职者去留的最科学的依据之一。对于大学生而言，书面考试并不陌生，但应注意求职过程中的笔试与专业课程考试的不同。

一、笔试的类型

笔试的主要内容通常是基础知识和专业技能，还包括同专业知识有关或同招聘单位有关的某些知识和技能，常见的笔试考试可分为专业及技能考试、智力测试及心理测试。

（一）专业及技能考试

专业考试主要是按专业类别进行的着重考察职业活动所必须的专业知识的检测。例如文史类的学生，如果毕业以后从事行政管理、文秘方面的工作，那文字能力至关重要。有的毕业生可能在学习期间已经在报纸、期刊上发表过文章，那么这样的经历已经为学生在求职过程中提高了自己的竞争力。但对于大多数学生来说，没有这方面的材料供用人单位参考，因此用人单位会针对岗位需求进行笔试，以检测其阅读、分析、写作等方面的能力。而理工科的学生在求职时也时常会遇到专业技能测试，例如应聘某些计算机编程岗位，那单位不仅要参考求职者的学历背景、是否有计算机等级证书，还会实地设置考题进行测验。另外，英语考试也是目前最常见的一种笔试项目，因为随着经济市场的国际化，英语水平已经越来越被用人单位重视，但这类考试除非是专业翻译岗位，通常测试都旨在检验英语的一般应用能力，题目不会过难。而专业笔试主要可以考察毕业生的基础知识是否扎实、文字表达能力水平，等等。针对不同岗位，专业知识的测试各不相同，且针对性较强。

（二）智力测试

智力测试常见于一些著名跨国企业，他们对毕业生所学的专业一般没有特别的要求，但对毕业生的整体素质水平要求较高。在他们看来，专业能力可以通过公司培训获得，并且进入公司以后的学习将与岗位设置的关联性更为紧密。因此毕业生有没有专业训练背景并不是很重要，但毕业生是否具有不断接受新知识的能力是至关重要的，也就是说，这些单位更看重个体的可塑性及培养空间。智力测试并不神秘，以图形题、数字题、文字题三类为主，旨在检查求职者的分析观察能力、逻辑推理能力、综合归纳能力等，例如一组有四种图形，让应试者发现其中的规律，或是给出一组数字，进行一些基础运算等，这类题目如果有充分时间仔细思考，不会太难，但用人单位通常要求应聘者在极短的时间内完成一整套题目，因此对于没有经过这方面训练的求职者来说，还是有一定难度的。

（三）心理测试

心理测试主要是采用事先编制好的标准化量表或问卷对应聘者进行测试，根据完成的数量和质量来判定其心理水平或个性差异，除了通用型的心理测试外，一些特殊的用人单位常常以此来测试求职者的态度、兴趣、动机、智力、个性等心理因素，从而确定求职者是否符合岗位需求，是否适合在本单位发展。

二、笔试准备

（一）长期备战，储备知识技能

良好的求职考试成绩来自于平时努力的学习和积累，在大学期间要努力学习，要将所学的专业知识及基础知识弄懂弄会，牢牢掌握，这样在被测试时才能得心应手，不至于临时抱佛脚。

对于用人单位的笔试也要像对待专业科目考试一样，针对自己的目标方向进行准备。首先要充分了解一些常见的笔试类型，接下来就是有针对性地进行笔试准备。由于笔试本身就是用人单位对应聘者的一种能力测试，淘汰率极高，因此想要通过短期内的突击提高笔试应试能力的想法是不切实际的。无论是对专业知识领域的了解和掌握，还是逻辑思维能力、分析能力、表达能力以及英文水平，这些知识技能都需要经过长期的积累和训练，不是一朝一夕就可以突击实现的。

1. 英语考试

在笔试阶段，英语考试主要会涉及阅读和写作两个部分，所以在平时要通过持续的英语阅读来培养语感。由于大部分的笔试英语和商业英语在表达习惯和表达技巧方面具有一定的相似性，内容方面也多有相同之处。因此，通过阅读一定量的纯正商业英语可以迅速培养自己的语感。并且，笔试的英文阅读和平时看英文小说不同，不是看过就算完了，重点是要对文章内容进行理解和分析，而平时阅读的英文材料是不会在后面加上几道分析题的，所以在平时阅读材料时，要养成边读、边思考的习惯，读完一段或是一个短篇之后，回想一下大致内容和相关细节，弄清楚论点和论据是什么、阅读时自己的主要障碍和困难是什么，如果每次阅读时都能做到边读、边思考、边总结的话，那么经过一段时间的积累，英语阅读能力会大有提升。

而对于写作部分，要在通过大量阅读培养语感的基础上，勤动笔、勤练习，这不是光靠看就能解决的问题。大量的阅读可以为你提供许多有用的表达方式和行文思路，而通过自己的模拟练习，可以将自己通过阅读习得的知识内化。阅读和写作本身在语言学习上就是两个相辅相成的过程，大量的阅读可以指导写作，而写作的练习也同样可以进一步提高你的阅读能力。此外，经过基础积累阶段以后，可以根据自己的职业目标，收集一些知名企业或目标企业历年的笔试考题，以及网站上的一些模拟训练，适当进行一些有针对性的练习。

2. 技术能力考试

对于技术类的笔试，首先应聘者要在确定大致求职方向以后，结合具体职位的要求查看相关资料，为了督促自己的学习，可以结合社会上的一些考试进行同时复习，这样既掌握了知识，同时还能获得相关能力或资格证书，在应聘时为自己增加筹码，可谓一举两得。对技术类的笔试内容，要做到心中有数，把握重点。每个专业学科都有自己的核心课程，平时要注重基础知识技能的掌握，对于最主要、最根源、最前沿的内容要重点学习。例如参加通讯类的考试可能就会考到“信道利用、编码、跨区、切换”之类的问题，对于人力资源的考试可能会考到“模块、福利、招聘”之类的问题，对于编程岗位可能会考到“数据结构、c++、运算”等，所以对于专业岗位的考试，要将最基本的内容掌握。试想，如果一个求职者连自己的专业知识都一知半解，哪一家用人单位肯聘用他呢?

3. 综合能力考试

除了英语考试和专业技术能力测验外，目前用人单位比较常见的考试还有综合能力的检验。一般而言，对于像数理分析、逻辑推理、语言表达方面的考察，准备的途径并不十分多，有针对性地准备效果也不见得很好，因为各个用人单位的试题各不相同，这类考试旨在检测求职者的综合素质水平。但通常来看，大部分应聘者在这一部分的表现都不会太差，因为无论什么专业背景的学生，经过大学四年的系统学习，综合素质水平都会有一定程度的提高，并且每个专业都需要学生具备一定的分析能力、逻辑思维能力和语言表达能力，只不过侧重点不一样而已，所以这就要求大学生在日常的学习生活中要有意识地去锻炼和拓展自己这方面的能力。

有的题目只考察应聘者的知识面及对时事社会的关注程度，不要求应聘者有多深刻的理解，例如强生（中国）的主要业务是医药和医疗器械，在他们的笔试题目中曾经出现了关于载人航天飞船和十六大的相关内容，但是只要略微有些了解即可作答，我们相信，作为一名大学生，对于一些基本常识和热点时事都是有所了解的，不会一无所知。而再深一个层次的题目，就要考察应聘者的理解和运用能力了，这就要求你不仅要知道，还要有自己的看法，特别是在写作论述题中，很容易将题目与时事联系，这都体现了对于时事内容的把握与分析写作能力的双重考察。对于这样的试题，了解你所要去讨论的话题是你成功写好文章的前提和阐述观点的基础。所以遇到这样的笔试题，平时的积累就显得尤为重要。所以，大学生在学好专业知识的同时，也要注重提升自己的综合素质能力，例如养成每天关注时事新闻的习惯，对社会现实问题勤于思考，坚持阅读、写作，锻炼自己的理解能力和表达能力等。所谓积少成多，正是这些平时一点一滴的积累会给你带来许多意想不到的收获。

（二）短期突击，做好应试准备

在求职应聘阶段，复习要有针对性，锁定目标单位以后，就要针对各个用人单位的具体情况分别准备复习，快速将自己的知识储备进行整理，结合岗位需求进行归纳，一旦获得了用人单位的笔试资格，可以再突击一下重点内容，争取在笔试时完全展现自己的知识技能。

如果你今天接到通知，明天就要去笔试，即使你把剩下的时间都用来复习，你的笔试能力仍然是不可能有显著的提高。但是“临阵磨枪，不快也光”，对于那些临时抱佛脚的求职者来说，笔试之前可以围绕 Job Description（职位说明）来看书，也可以上 BBS 看看应聘单位的笔试以前考过什么，或者最近几天的招聘中考了什么，关注上面出现的 Skill 是什么，然后想象这个 Skill 涉及的知识背景是什么。

三、笔试答题技巧及注意事项

（一）增强信心

信心是成就一切事情的重要保证，笔试怯场，大多是由于信心不足造成的。求职者要在考前冷静地对自己进行客观的评估，回顾自己平时的努力过程，以增强信心。并且求职面试具有“双向选择”的特性，应聘者也不要有太大的心理压力，毕竟随着就业市场的不断发展，就业机会越来越多，应聘求职并不是一锤子买卖，求职者力求保持平和心态，正常发挥自己应有的水平即可。

（二）做好准备

参加面试前，可以提前通过各种方式熟悉一下应试环境，这对消除考前紧张有一定的帮助，知晓考试的相关要求和注意事项，尽量按照要求事先准备好，例如相关证件、文具要准备齐全，考试之前不要再进行系统复习，可以适当重复一下重点，以保证考试当天有充沛的精力和良好的应试状态。另外要熟悉考场规则，不要因为自己的疏忽而被取消考试资格，甚至被用人单位怀疑自己的品格。

（三）答题技巧

（1）拿到试卷后不要急于做题，先大致浏览一遍，对作答顺序和重点有大概的把握。

（2）做题可以本着先易后难、先简后繁的顺序，这样不会因为某道难题而浪费太多时间。

（3）对于论述题，要注意条理性，分层分段。有些求职者在笔试时遇到论述题，喜欢一段到底，这样会增加考官的阅卷难度，并且不易看出你答题的思路，并极有可能会漏看掉一些精彩的部分，所以要注重逻辑性。

(4) 对于自己熟知的专业知识要精准作答，体现出自己的专业性，而且认真的作答态度、细致的作答风格有时也会为你赢得考官的青睐。

(5) 对于部分题目，可以按照要求适当联系实际，尽量让考官发现你具有实际经验，因为任何一家以营利为目的的企业都愿意挑选比较有实际经验的人，而不是对社会一无所知、只会纸上谈兵的人。

(6) 笔试的卷面要尽量做到整洁、干净。落笔之前要思考好，涂改得越少越好，字迹尽量工整、清晰，不要过于潦草，使考官难以分辨。过于凌乱的卷面，不仅难以给考官留下良好的第一印象，同时还会使阅卷人感觉你的思路不清、毫无条理。如果应聘者能在笔试中写出一手漂亮的好字，也同样会赢得阅卷人的好感。

(7) 先易后难，先简后繁。笔试题型多、内容多，又要在限定的时间内做完，并保证正确率，要求考生必须合理地安排答题时间。

(8) 掌握题型，答题精细。要了解各科考题的特点，熟悉每种题型的答题方法，防止出现不必要的差错。常用的题型有填空题、问答题、选择题、判断题、再生题、应用题、作文题等。

案例探析

一次紧张的笔试经历

考生A一大早起床就开始祈祷：今天的笔试不要考技术，考察一些数理逻辑、英语测试的内容就行了。可是当他拿到卷子一看，立马懵了。试题内容涉及电路、自控、机械、结构表、英文翻译……这还不算什么，最后一页的内容才奇怪：(1) 请书写无机和有机化学方程式各一个；(2) 牛顿三大定律、热力学三大定律分别是什么；(3) 请默写唐诗一首（静夜思除外），或宋词一首，也可写5个有典故的成语。

专家点评：

很多人认为大公司考试不考技术，只考非技术类知识，这是误解。技术笔试肯定要考技术的，只不过每个公司的考察方式不一样，有的公司是非技术类笔试和技术类笔试分两次考，而有的公司则是非技术类笔试和技术类笔试两张卷子但是一次考完，有的公司则是非技术类笔试和技术类笔试的题安排在一张卷子中考。

从该考生见到的笔试题目来看，公司的校园招聘主要还是考察应届生专业课的掌握水平，所以不要被外界的“向大公司求职要有工作经验，赶紧来我的培训班学习”类似的言论所迷惑，一定要把专业课学好，从大四开始就要把大学的专业课全部复习一遍，这样在校园招聘时会起到重要的作用。

“最后一页才奇怪”，其实这没有什么奇怪的，大公司招聘的时候都是希望招到综合素质比较强的人。如果理工科大学生连几个简单的化学方程式都写不出来，连牛顿三大定律、热力学三大定律都忘了，足以反应你学东西就是为了应付考试，考完了就扔到脑后了；至于“默写唐诗一首”，念了二十多年的书，不会连一首唐诗都不记得吧？这是最起码的人文素养。所以建议大学生大学期间一定要博览群书，特别是理工科的学生更应该多去图书馆看看人文类的书籍。

（资料来源：根据大街网相关资料整理改写。）

笔试并不是所有招聘的必经环节，但一些大公司和一些制度较为完善的公司招聘时一定会有此环节。笔试的形式各种各样，常见的集中笔试、网上考试也是笔试的一种，甚至有些公司在大型招聘会现场也会给你一些笔试题让你在嘈杂的环境中作答，来测试你是否能在外界影响较大的环境中保持良好的思维。

不管哪种笔试的形式，应试者必须有充分的准备和良好的心态才可以从容应对，充分的准备是笔试成功的保证。

第二节　面试指引

面试是一种经过组织者精心设计，在特定场景下，以考官对考生的面对面交谈与观察为主要手段，由表及里测评考生的知识、能力、经验等有关素质的考试活动。面试是公司挑选职工的一种重要方法。面试给公司和应招者提供了进行双向交流的机会，能使公司和应招者之间相互了解，从而双方都可更准确地做出聘用与否、受聘与否的决定。

一、面试的主要内容

（一）专业知识

作为对笔试专业知识考核的补充，通过面对面的交流，实地了解应聘者掌握的专业知识的广度和深度，判断其专业知识水平是否符合岗位的需求和标准。

（二）经验能力

一般面试官会根据应聘者的简历做相关提问，进一步了解应聘者的有关背景和以往的工作经历，求证其是否具备相关能力。

（三）表达能力

面试主要通过交流的形式，这样可以考察应聘者是否可以将自己的思想、观点、建议等流畅地表达出来，重点考察应聘者表达的逻辑性和准确性。

（四）综合应变能力

面试中，应聘者能否对面试官提出的问题充分理解、抓住重点，并分析透彻、条理清晰，回答是否迅速，对突发问题是否能反应敏捷、恰当回答，对于意外事件是否能妥当处理等，这些都能表现出应聘者的综合应变能力。而且通过不同的面试形式，面试官往往还可以看出应聘者在人际交往、团队合作等方面的能力。

（五）工作态度及求职动机

通过了解应聘者以往的学习、工作经历以及一些情景问题，来了解应聘者的工作态度、情绪稳定性和进取心。遇到批评和压力或与个人利益有冲突的时候，是否能理智对待或是克服容忍，是否具有耐心和韧劲，以及在工作中的追求是什么，为什么选择本单位。对于优秀的人才，面试官会判断本单位可以提供的岗位和条件是否符合应聘者的工作要求和期望。

（六）仪表

面试官在面试过程中，通常还会注意观察应聘者的仪表，即外貌、气质、衣着、言谈举止、精神状态等，所以应聘者也不要忽略这些细节。

二、面试的主要模式

从参与面试的人数来看，面试通常可以分为个人面试和集体面试；从面试的内容形式来看，面试又可以分为模式化面试、情景面试、压力面试和综合面试。

（一）个人面试

个人面试也称单独面试，是指面试官与应聘者单独面谈，也是面试中最常见的一种形式，其目的在于考察求职者在特殊环境中的表现，考核其知识水平、业务能力与综合素质，从而获得有关求职者的一手资料。单独面试通常又分为两种情况，一是只有一名面试官负责整个面试的过程，这种情况大多见于规模较小的单位或是录用较低职位的人员时采用；另一种是由多位面试官参加整个面试过程，但每次均只与一位面试者交流。个人面试的优点是能够为双方提供一个面对面交流的机会，让双方深入了解对方。无论处在哪个应聘环节中的个人面试，面试官所要谋求的都是尽可能地挖掘应聘者的真实内涵，所以应聘者要牢记自己的目的是要让对方接纳自己，这是回答问题的出发点。

（二）集体面试

与个人面试不同，集体面试是指很多求职者在一起进行的面试。就用人单位而言，这种模式可以在专业、能力、经验各方面对求职者进行比较，并具有较大选择余地。在集体面试中，主要考察应聘者的人际沟通能力、观察能力、环境控制能力、组织领导能力等，通过交流还可以看出一个人的学识、见地、风度和教养。由于有其他应聘者在场，考核形式较个人面试更加丰富，通过面试者之间的互动，面试官观察得到的细节也更多。在集体面试中，应聘者入场时要争取给面试官留下一个好印象，注意相关礼仪，可以向面试官微笑致意，同时也要向其他应聘者问好。面对面试官时要保持冷静，从容作答，如果遇到与他人讨论的情况，要尊重他人意见，但在评论他人观点时不要随意附和，要适度表达自己的看法，但也不要过度抢答，以免给面试官留下不好的印象。

（三）模式化面试

这里说的模式化面试，即常规面试，以面试官和应聘者之间的问答为主。面试官根据事先准备好的问题逐一发问，形式较为单一。这种模式下，面试官通常处于积极主动的位置，应聘者一般是被动应答的姿态。面试官会在问答中获得有关应聘者的真实资料，同时观察其仪表、谈吐、情绪反应等，并最后对应聘者的综合素质做出评价。

（四）情景面试

情景面试是目前各单位面试形式的发展趋势。与一般的模式化面试不同，在情景面试中，突破了以往一问一答的模式，而是引入无领导小组讨论、公文处理、角色扮演、即兴演讲、案例分析等情景模拟方法来选拔人才。在这种面试模式下，面试的具体方式灵活多样，面试的模拟性、逼真性较强，应试者的综合素质能力能得到更为充分的发挥和展现，面试官通常作为观察者会对应聘者做出更为全面、准确的评价。

（五）压力面试

压力面试比较特殊，通常会针对特定岗位设置。由一位或几位面试官有意识地对应聘者施加压力，针对某一问题或某一事件连环发问，不仅详细而且追根问底，直至应聘者无法回答。此种模式重在考察应聘者在特殊压力下的反应、思维敏捷程度和应变能力。有时候面试官甚至会有意刺激或是激怒面试者，或是说一些蛮横无理的观点，通过应聘者的回应来考察其是否有主见、立场是否坚定。在应对这种面试时，切勿因一时冲动而表现出不满、怀疑和愤怒，要保持冷静，体现出自身的理智、容忍和大度，条理分明地与面试官进行交流。

（六）综合面试

综合面试相较其他面试模式，考察的内容更为丰富，通常面试官会以不同形式来考察应聘者多方面的才能，如用英语直接与应聘者交流，考察其英语沟通能力，或当场让应聘者写一段文字来考察其写作能力，或现场要求应聘者利用计算机完成某项工作等。总之，面试官会根据岗位需求来考察应聘者各方面的素质能力是否符合用人单位的标准。

三、面试的基本技巧

（一）表达技巧

在面试过程中，要积极主动交谈并传递给面试官需要的信息，展示出你的才能。说话的时候要注意正视对方，看对方是否听懂了你的话、是否对你的话题感兴趣等。要注意咬字准确、语言简洁，语调要自然亲切，音量适中，语速可以根据内容的重要性调节，但总体来说，节奏适宜放缓比急迫的机关枪式的节奏更容易使人接受。在内容上要侧重语言，要条理清楚、有理有据，抓紧时间充分表达核心意思。适当的时候可以穿插一些幽默的语言，以使谈话的气氛更加轻松愉快。尤其是当遇到难以回答的问题的时候，机智幽默的语言会显示出自己的智慧和应变能力，有助于给面试官留下良好印象。

面试时若招聘者问毕业生有没有问题，毕业生可以适当问一些问题，并且应该把提问的重点放在招聘者的需求及你如何能满足这些需求上。通过提问的方式进行自我推销是十分有效的，所提问题必须是紧扣工作任务、紧扣职责的。毕业生可以询问诸如以下问题：应聘职位所涉及的责任及所面临的挑战；在这一职位上能够取得怎样的成果等。当然也要注意不要问一些通过事先了解能够获得的有关公司的信息，这会让人对你的面试目的是否明确表示怀疑。

（二）倾听技巧

良好的表达方式是沟通的重要因素，而认真倾听却是沟通的基础。当面试官讲话时，应聘者要直接注视他，使他感知到你对他所讲的内容的重视，用你的眼神告诉他“我在专心听您讲话”。倾听时最好的姿态是在椅子上坐直，稍微向讲话人那边倾身，但身体不要僵硬，也不要像在家里看电视时那样随便。摆脱一些干扰，要专注，不要随意摆弄你的眼镜、手边的笔或是其他任何与倾听无关的东西，更不要挠头或揉眼，这样会显示出你的慌乱或疑惑。

一个好的倾听者通常会做到以下几点：用目光注视说话人，保持微笑，适当点头；准确了解说话人所说的主要内容；如果有不懂之处，会适当提问确认；不是从头至尾呆板地听，会适当做出一些配合反应，如会意的微笑、点头、提出一些将对方所讲的内容引向更深入层次的问题等；即使自己有不同观点，也会等到说话人讲完再提出，不会随意打断或打岔，并且不会感情用事地去争辩什么，只是单纯发表自己的观点而已。

（三）礼仪技巧

首先，要遵守时间。参加面试时千万不要迟到，最好提前5至10分钟到场，以表示求职者的诚意，给对方信任感，这样也利于应聘者在面试前有时间调整自己的心态，做一些简单的仪表准备。

其次，要注意礼貌。无论是向前台人员介绍自己，还是与引导人员沟通，以及见到面试官时，整个过程中礼貌都是十分重要的。面对关门的情况，要先敲门得到允许再进入，开关门时动作要轻，尽量从容自然、举止得体，不要显得小心翼翼。在面试官没有请你坐下时，不要急于落座，落座后要记得说“谢谢”。入座后要保持良好的体态，不要左顾右盼，或是表现出一些不礼貌的举止。

最后，要微笑注视。微笑可以缩短人与人之间的心理距离，为沟通与交往创造和谐的氛围。在面试过程中，要始终保持真诚的微笑，但注视对方的时间不宜过长，目光要自然、柔和、亲切，不要心不在焉，也不要死死盯住对方的眼睛，这是不礼貌的表现。

四、面试的注意事项

（一）注重平时积累，科学整合归纳

面试时的问题，很多是实习阶段学到的知识与要求。所以，医学类毕业生

在实习阶段要有意识地进行知识的积累和总结。此外，有的面试问题会与你所学的专业有一定差距，有些边缘学科的专业提问时，可能也要问临床医疗的知识。这是因为各种专业的人员都要为病人服务，都要执行医疗的一些规定与制度，所以如果学的不是临床，也应了解临床的一些重要的核心制度与对医生的要求，所以平时不要只积累自己的专业知识，还要顾及临床方面的知识。

面试题目考察得比较广泛，平时积累时可根据其常考的题型特点有针对性地进行整理归纳。总的来说，医疗卫生类事业单位的面试题大致可以分为三种类型：一是与公务员考试或综合岗事业单位考试题目并无差异的普通综合类题目。如：春节将至，单位让你组织一次春节晚会，你将怎么组织？二是以医疗卫生事件、医院或医务工作者等专业角度为背景的面试题目。如：你正在值班，有病人在你面前突然晕倒，请问你会怎么处理？三是医疗卫生专业题目。如：静脉输液不通畅的原因有哪些，应该如何处理？这三类题目，从考查侧重点来说略有不同，第一类更侧重考查的是考生的综合素质；第二类则是对考生综合素质和专业知识都有所涉及，但是又给人两者的考查都浮于表面的感觉；第三类则更加注重对于考生专业知识的考查。由此，考官在评分的时候评分标准必然有所侧重，对于第一类更侧重言语表达能力、仪容仪表、综合分析能力、应急应变能力、计划组织协调能力、人际沟通的意识和技巧等综合素质与岗位匹配性的整体评分；第二类除了上述综合素质之外，显然对于考生是否掌握医疗卫生的基本常识等方面也会有评分的侧重；而第三类则在专业知识方面更多会采取要点式打分的方式进行评分①。

（二）面试后的总结

（1）面试一结束，应该对自己在面试时遇到的难题进行回顾。重新考虑一下，如果他们再一次向你提问时，该如何更好地回答这些问题。

（2）尽量把你参加面试的所有细节记下。一定要记下面试时与你交谈的人的

---

① 中公事业单位考试网，2013-11-22。

名字和职位。

(3) 万一通知你落选了，你也应该虚心地向招聘者请教你有哪些欠缺，以便今后改进，这样就可以知道自己到底为什么落选。一般来说，能得到这样的反馈不容易，你应该好好抓住时机。

(三) 面试后致谢

(1) 在面试后的一两天内，你可以给某个具体负责人写一封短信，在信里应该感谢他为你所花费的精力和时间，感谢他为你提供的各种信息。

致谢信模板如下。

尊敬的×××先生：

感谢您昨天为我的面试花费的时间和精力。我和您谈话觉得很愉快，并且了解到许多关于贵公司的情况，包括公司的历史、管理形式及公司宗旨。

正像我已经谈到过的，我的专业知识、经验和成绩对公司是很有用的，尤其是我的吃苦钻研能力。我还在公司、您本人和我三者之间发现了思想方法和管理方法上的许多共同点。我对贵公司的前途十分有信心，希望有机会和你们一起，为公司的发展共同努力。

再一次感谢您，并希望有机会与您再谈。

×××

×年×月×日

(2) 如果在一个星期内，或者依据他们做决策所需的一段合理时间之内没有得到任何音讯，你可以给负责人打个电话，问他“是否已经做出决定了?”这个电话可以表示出你的兴趣和热情，还可以从他的口气中听出你是否有希望得到这份工作。

(3) 如果在打听情况时觉察出自己有希望中选，但最后决定尚未做出，那你过段时间后再打一次电话询问。

思维拓展

面试十忌

◇ 语速太慢或太快；

◇ 目光躲闪或呆滞；

◇ 急于作答；

◇ 过度紧张，语无伦次；

◇ 假装完美；

◇ 慷慨陈词，却举不出例子；

◇ 胡聊神侃，不顾对方的反应；

◇ 打断对方说话；

◇ 反问对方；

◇ 主动打探薪酬福利。

（资料来源：道客巴巴，JA 中国《事业启航》工作坊模块 3：面试技巧。）

第三节　求职礼仪

随着社会的发展，形象的包装已不再是明星的专利，普通职业人对自己的形象也越来越重视，因为好的形象可以增强一个人的自信，对个人的求职、工作、晋升和社交都有着至关重要的作用。你的形象就是你自己的未来。在当今竞争激烈的社会中，一个人的形象远比人们想象的更为重要。那么，什么才是大方得体的职业形象？一个人的好形象，不光是把自己打扮得美丽、英俊，最主要的是要做到自身的发型、服饰、气质、言谈举止与职业、场合、地位，以及性格相吻合。

一、求职仪表

一个人的装束反映出一个人的审美观，也反映着你的职业态度。当然，并不是说你穿着得体、打扮合适就一定能够在求职时无往不利。但是有一点是肯定的，如果你穿着很不合适的话，就一定没有进一步面试的机会。那么，什么才算得上合适的仪容穿着呢？这一般要和你所应聘的公司相契合。比如咨询公司和投行的各类职位、市场与销售职位，需要穿西服正装，以体现职业性；而IT技术类公司应聘技术研发职位，着装可以略微随意些。

总体来说，良好的审美包括两个方面。从着装上讲，穿着要得体，颜色一般应选黑色、灰色和深蓝色，因为这些颜色给人以朴实、真诚、容易接近的感觉；面试时尽量不选红色、黄色，原因是颜色太鲜艳，容易令人感觉轻浮。从气质表现来看，一个落落大方、稳重而谦虚的人，会令人产生好感。

（一）男士着装注意事项

1. 西装

男生应该选择剪裁良好、款式经典的西服套装，切忌前卫的设计。颜色以黑色、灰色、深蓝为宜，并且最好是纯色的，不要有大格子、大条纹之类的图案，这些款式可能在宴会上比较出彩，但不适用于面试。

建议平时就准备好一至两套得体的西装，不要到面试前才去匆匆购买，那样不容易选购到合身的衣服。但初入职场的大学生不必穿太高档的品牌服装，并且七八成新的服装最自然稳妥，尤其在档次上应符合学生身份，不要盲目攀比。如果用人单位看到求职者的衣着太过讲究，一身高档名牌，与学生身份不符，恐怕会对求职者的第一印象大打折扣。

如果穿的是三颗纽扣的西装，可只系第一颗纽扣，或系上面两颗，就是不能单独系最下面的一颗，而将上面的扣子敞开；穿双排扣西装时所有的扣子都要扣上，特别是领口的扣子。西装买来时一般口袋都是缝上的，可以不必打开，即使真的打开了，也不要装东西，因为那样会使西装看起来不挺括，容易走形。长裤熨烫笔挺为好，长度以直立状态下裤脚遮盖住鞋跟的四分之三为宜。

2. 衬衫

要选用面料挺括、质量好一点的衬衫，白色的长袖衬衫是上选。别的颜色的衬衫当然也可以，但是不如白色正式，并且要注意和西装的颜色搭配是否合适。而蓝色衬衫是IT行业男士的普遍选择，能体现出沉稳的气质。

注意衬衫领口、皮带扣和裤子前开口外侧应该在一条线上。衬衫应该是硬领的，领子要干净、挺括，短袖衬衫和圆领衫在正式场合不太适合穿着。

平时也应该注意选购一些较合身的衬衫，面试前应熨平整，不能给人衣服皱皱巴巴的感觉。衣领、袖口都洗毛的旧衬衫或还从没有下过水的新衬衫都不合适，前者太拮据，后者显得太过刻意修饰。穿着时衬衫下摆一定要放入裤腰内，这样显得比较正式。

3. 领带

男生参加面试一定要在衬衣外打领带，这样会增加风采。领带以真丝质地为好，必须干净、平整、挺括，上面不能有污渍。领带图案宜选用保守一些的，传统的条纹、几何图案和螺旋花纹都很不错。还要注意和西装、衬衫颜色的协调性。平时应准备好与西服颜色相衬的领带，在配色方面应以和谐为美，不要追求标新立异，以免弄巧成拙。领结要打得坚实、端正，不要松松散散，领带上应尽量别上相称的领带夹。

4. 鞋袜

在面试前把鞋子擦干净，确信鞋子是完好的。光亮的鞋子能够表现出你专业的做事风格和良好的职业素养。皮鞋以黑色为宜，因为黑色鞋子好配服装。不要以为鞋子越贵越好，而要以舒适大方为选购准则。皮鞋也尽量不要选给人攻击性感觉的尖头款式，在面试时，方头系带的皮鞋是最佳选择。皮带和皮鞋应是同一质地的，如果不是，就要在颜色上尽量统一。

袜子是很容易被忽视的一个环节，很多求职者往往有特别准备的西装和鞋子，却在袜子上功亏一篑，导致了整体的不和谐。可以在面试前一天的晚上，把细心挑选好的新袜子放在桌上，一定要注意颜色的选择。一般来说，白袜子黑鞋子的搭配是很不专业的，要加以避免。通常深色西装一定要搭配同色系的袜子，如果没有配上，必须是深灰色、蓝色、黑色等，最好和鞋的颜色一致，这样在任何场合都不失礼。此外，袜子也不宜过短，以免坐下来的时候，把小腿露出来。

5. 仪容整洁

保持仪容整洁，男性可以用点清洁类的化妆品，给人干净、阳光的感觉即可。如果使用香水，一定要格外谨慎，避免使用浓烈或者味道怪异的香水，淡淡的清香容易让别人产生愉快的感觉。

注意头发修整，不要蓬松散乱，如果稍嫌过长，应修剪一下。最好在几天前去理发，尽量避免在面试前一天理发，以免看上去不够自然。发型不仅要与脸形配合，还要与年龄、体形、个性、衣着、职业要求相配合，这样才能体现出整体美感。男性求职时忌颜色夸张怪异的染发及长发和光头。如果你不是去面试广告设计、艺术工作等强调创造性的岗位的话，长发不是一个好的选择。注意仔细地打理发型，并且不要忘记刮胡子，保持面容整洁。

6. 其他物品

男生最好少带饰品，越简单越好，不要佩戴项链、手链、耳环、鼻环、手镯等，手表可以接受，但要佩戴成人款式。文件包是兼具实用性和装饰性的物品，但不要太旧、太破或有油垢，新旧程度最好等于或新于西装，而装的东西也不要太多，不要给人鼓鼓囊囊的感觉。而对于那种夹在腋下的男士手包，在面试时不要使用，因为它看起来更适合私企老板，而不是普通职员。

戴眼镜的同学要注意镜框的配戴最好能使人感觉稳重、协调，眼镜的上镜框高度以眉头和眼睛之间的二分之一为合适，外边框以跟脸最宽处平行为宜。不戴眼镜的朋友，切不可戴墨镜进入面试单位，这样会令人反感。

思维拓展

男士穿西装九忌

一忌西裤短，标准长度以裤管盖住皮鞋为宜；

二忌衬衫领子大，领脖间存在空隙；

三忌衬衫放在西裤外，看着邋遢；

四忌领带颜色刺目，图案太耀眼；

五忌领带长短不适宜；

六忌衬衫扣不扣全就佩戴领带；

七忌西服上衣袖子过长，标准为比衬衫袖短1厘米；

八忌西服上衣口袋、裤袋内装满东西；

九忌袜子与鞋和衣服不搭配。

（资料来源：搜狐时尚。）

（二）女士着装注意事项

1. 职业套装

对于女生来说，不一定要像男生那样必须西服革履，可以适当随意一些。

但针对某些岗位，选择一套修身的职业套装也是上选。选择套装的时候也要注意颜色，黑色、深蓝、灰色等稳重的颜色是比较理想的选择。款式不要太过新颖，宜保守传统。如果买的是西装式套裙，一定要注意裙子的长度不要在膝盖以上，裙子太短是不专业的表现，会使面试官对你的印象大打折扣。但年轻女性也不宜选择过长的裙子，以到膝盖为宜，避免显得老气横秋。如果上衣是V领的，也要注意开口不能太低，并且可以通过丝巾或者内衬上衣来搭配。

2. 衬衣

在挑选衬衣的时候，无论是颜色还是款式也以保守为宜。不要挑选那些透明材质的上衣，也不要蕾丝花边、荷叶边或者雪纺薄纱，或是有一些丝带装饰，这些都会使你的着装看起来过于随意。总体上要保持简洁，在衬衣里面可以再穿一件小背心，以防走光。

3. 鞋子和丝袜

确保鞋子的款式专业，不花哨，款式相对保守，颜色与套装相配。虽然“露趾鞋”目前很流行，也一直是时尚圈争议的焦点，很多人认为露趾鞋已可登大雅之堂，国外女星甚至还可穿去赴宴。不过在此还是建议避免选购这种款式的鞋子去参加面试，因为你不知在面试场合上，会不会遇上思想传统的面试官，而一双职业中跟或高跟鞋是最佳选择。丝袜的颜色也最好是传统常见的，比如肉色、深灰色等，而且要保证套装和鞋子、丝袜的和谐搭配。

4. 包

选用的包应该是和整个穿着相配的，不要太大，中等或小型尺寸即可。如果可能的话，最好是皮制的。虽然我们不建议学生一身名牌，但是拿一个比较有品质的提包还是允许的，但切记品牌的logo不要太显眼，并且整体设计不要太前卫。

5. 发型

发型在整个仪容中是十分重要的组成部分。保证头发干净清洁，仔细梳理。如果是长发，就把它盘起来，或者做成其他看起来专业舒服的发型。虽然垂散下来可以显得清纯美丽，但不要让自己看起来好像刚刚起床或者刚从派对上回来，要注意塑造职业形象。

6. 淡妆

女生去面试前，应该稍稍化一下妆，这既是对面试官的尊重，也会使自己看起来很精神。对于平时不化妆的同学，要尽早学习。但面试时不宜化浓妆，要选择自然清淡的妆容，稍作修饰即可，注意保持整个妆容的干净，不要掉妆。

7. 配饰

可以选择尽可能简单的饰品。面试属于正式场合，不应戴手链；一只手只戴一个戒指，且不要戴形状奇特的戒指，不然不方便握手，也不易给面试官留下好的印象；不要戴很大很长的耳环，或戴太多的耳环，简洁的耳钉就可以带来不凡的效果；手腕上可以佩戴一只手表，但要避免卡通款或时尚款，选择大方稳重的成人款式即可。

思维拓展

女生面试着装礼仪

女生如果穿了长筒丝袜，在面试出发之前可以在手提包里多准备一双，以防腿上的袜子被勾破，或者发生其他意外情况，如果穿一双勾破的丝袜会比不穿丝袜更失礼。在面试的前一天洗个澡，保持身体和头发的干净清洁，确定身上没有异味。面试之前不要饮酒，那会影响你的眼神、肤色和精神状态。修剪一下指甲，不要留得太长，保持干净。女生不要用颜色夸张的指甲油，如果一定要涂，无色透明的即可。

（资料来源：百度文库，公务员面试礼仪——着装。）

二、行为礼仪

（一）职场姿态

优雅、适度、自信的肢体语言，不论是静态还是动态，能使人赏心悦目，能使人际关系和谐，能使自己成为一个愉快而有魅力的人。应用站姿、坐姿、行姿和每一手势、表情，使仪态显得从容、大方、优雅、谦逊、可亲，让自己的心愿在肢体动作的帮助下，与周围人进行良好的沟通；也让自己的涵养、才智，借助于肢体动作来流露，来做无声的展示。

1. 保持微笑

人与人相识，第一印象往往是在前几秒钟形成的，而要改变它，却需付出很长时间的努力。良好的第一印象来源于人的仪表谈吐，但更重要的是取决于他的表情。微笑则是表情中最能赋予人好感、增加友善和沟通、愉悦心情的表现方式，也是人与人之间最好的一种沟通方式。

2. 站姿

正确的站姿是抬头、目视前方、挺胸立腰、肩平、双臂自然下垂、收腹、双腿并拢直立、脚尖分呈 V 字型，身体重心放到两脚中间；也可两脚分开，比肩略窄，双手交叉，放在体前或体后。站立开会时，男员工应两脚分开，比肩略窄，双手放在背后，右手握左手腕部；女员工应双脚并拢，脚尖分呈 V 字型，右手握左手放于腹前。

3. 坐姿

男士：入座时要轻，至少要坐满椅子的 2/3，后背轻靠椅背，双膝可略分开，身体可稍向前倾，表示尊重和谦虚。女士：入座前应用双手捋平裙后摆，坐下后将裙角收拢，两腿并拢，双脚同时向左或向右放，两手叠放于腿上，如长时间端坐可将两腿交叉叠放，但要注意上面的腿向回收，脚尖向下。

4. 蹲姿

上身挺直，略低头，左脚在前，右脚在左脚后一脚远的距离，前脚全脚着地，小腿基本垂直于地面；后脚前掌着地，脚后跟提起。女士蹲姿要右膝紧贴左小腿内侧，男士蹲时两膝自然分开。

（二）握手礼仪

握手是现代社交场合不可缺少的礼节。通过握手，可以与对方发生除手以外的心灵、情感上的碰撞，用这短暂的时间去吸引、观察对方，给对方留下良好的印象。

（1）先伸出手的顺序。伸手顺序要遵循“尊者决定原则”。即性别差异，女性先伸手；年龄差异，长者先伸手；职务差异，职务高者先伸手。以上三种情况冲突时遵循“职务＞性别＞年龄”的原则。

（2）握手姿式。上身向前略倾15°，头微低，面带微笑，眼睛注视对方。

（3）握手力度。握手力度要轻重合适，不宜太重也不宜太轻。

（4）握手时间。握手时间以几秒或十几秒为宜。

（5）握手时的禁忌。忌用左手与他人相握；与多人握手时忌交叉；忌戴手套、墨镜与他人握手；与他人握手时忌另一只手插在口袋里；忌用不洁的手与他人相握；与他人握手后忌用手帕擦拭手掌；不要在与人握手时东张西望；忌握张三呼李四；忌长时间握住不放；忌用力过大或只碰手不握手；不要拒绝与他人握手。

（三）交谈礼仪

言谈和所有的艺术一样，需要在实践中学习，在实践中总结、提高。美国前哈佛大学校长伊立特曾经说过：“在造就一个有修养的人的教育中，有一种训练必不可少，那就是优美、高雅的谈吐。”

1. 创造良好的交谈氛围

（1）积极创造谈话的环境，营造谈话的氛围，平等互敬。

（2）态度要诚恳，言为心声，热情大方，文明文雅，实事求是。

（3）内容适合双方，避免以自我为话题中心或沉默寡言；谈论对方感兴趣的内容。

（4）距离应适中，态势得体。

（5）聆听，认真耐心、专注有礼、呼应、理解。

2. 交谈时的注意事项

主人或宾客在发言时请立即安静下来以示尊重，待发言完毕后再继续未完的话题。有不同国家人士在场时应尽量使用英语，因为在场所有人都有听与说的权利，不可将谁排除在外。避谈政治、宗教等敏感话题，避谈生病、死亡、离异等不愉快的事情，谈话内容一般以天气、各地的风俗民情、体育运动以及有趣的事情为佳。注意不要以“我”为中心，尽量少用“我”字，请让其他人也有发言与参与的机会；风趣幽默的谈吐一向为众人所欢迎。

避免询问他人穿着、饰物等之价格。可以对他人的打扮加以赞美，但应适可而止，不可太夸张。不可询问他人尤其是女士之年龄、婚否，即使女士之间也不宜问其年龄。与女士谈话不说“胖或瘦”“保养得好”等语。不可窃窃私语，此种行为是一种不礼貌的举动，若有私事要交谈时，可以找一个人较少之处私下交谈。切勿形成小圈圈，社交的目的就是让大家彼此认识、彼此熟悉。千万别做“消息灵通人士”，传小道消息、揭人短、谈人隐私、背后议论别人，这些看似不起眼的小事，反映了一个人的道德品质。

交谈时忌：轻易表态；随意打断；手舞足蹈；滔滔不绝；唾沫飞溅；漫不经心（不停地看表、不耐烦、伸懒腰）；旁若无人；心不在焉；左顾右盼；沉默不语；装腔作势。

（四）倾听礼仪

学会倾听。在交谈中，不仅要善于表达自己的意思，而且应善于聆听对方的谈话，这样才能使双方进行有效的交流。在倾听的过程中了解、理解对方，在倾听过程中去争取对方的信任。

倾听时要注意以下事项：（1）积极努力去听，去关怀、了解和接受对方。（2）要让对方把话说完，不要随意打断对方。（3）要体察对方的感觉。要注意反馈、应答；反应要冷静。（4）要全神贯注地聆听，不要做无关的动作，不要总想占主导地位。（5）不必介意对方谈话时的语言和动作特点，要注意语言以外的表达手段。（6）要抓住主要意思，不被个别枝节所吸引。（7）要使思考的速度与谈话相适应。

第七章

7

▸▸▸ 就业程序与权益保护

第一节　大学生就业流程介绍

大学生在校学习期满，各科成绩合格达到毕业要求，就要在6月份着手办理离校手续，并准备到用人单位报到。大学生应当在大学生活的最后阶段，积极主动地配合学校做好各项工作，做到文明离校，顺利就业。

一、离校

毕业生完成学业，离开学校前还有一些工作要进行，要办理必要的离校手续，主要有毕业鉴定、填写普通高等学校毕业生登记表、毕业体检、领取就业报到证和户口迁移证等。

（一）毕业生鉴定工作

毕业鉴定是毕业生临近毕业时，通过回顾自己大学期间的德、智、体、能等综合情况的表现，为自己所做的准确、客观的评价和总结，以便在今后的学习、工作中取得更大的进步。因此，毕业生应高度重视此项工作，要认真、实事求是地做好自我鉴定。自我鉴定的主要内容有如下方面。

（1）思想道德素质方面。对党的领导和党的路线、方针、政策等方面的认识和理解；参加学校组织的各项思想政治教育活动情况；遵守国家各项法规和制度及校规校纪的情况；参加集体活动，团结同学情况；参与社会实践活动的情况等。

（2）学习情况。学习态度和学习自觉性方面的表现；学习成绩和专业知识的掌握程度；科研活动成果及创新能力方面的表现。

(3) 身心素质方面。参加各项体育活动的情况；体育达标情况及体育特长；身体及心理健康状况等。

(4) 综合能力方面。自己的专长和特点；交际与沟通能力；对社会的认知和适应能力等。

(5) 存在的主要缺点、问题及今后的努力方向。

自我鉴定时应当注意的事项是：第一，要认真听取老师和同学们的意见；第二，要实事求是，不能有虚假内容，也不应满纸空话、套话，要使人看了鉴定如见其人，依据鉴定判断你的品质、能力、素质、性格等，以便用人单位对你有所了解；第三，态度要端正，字迹要工整；第四，奖励和处分都要写清楚，尤其是切不可隐瞒处分情况，主动说明处分原因、自己的认识态度和改正决心，这样仍然能够取得用人单位的信任，不会影响就业。

（二）普通高等学校毕业生登记表的填写

普通高等学校毕业生登记表是由国家教育部制定的学生毕业材料之一，要计入学籍档案，是毕业生身份的重要标志之一，凡取得毕业资格的毕业生都必须认真填写。普通高等学校毕业生登记表的内容主要包括：毕业生基本情况、学习经历、社会关系、个人总结、班级鉴定、毕业实习单位和主要实习内容、毕业论文或毕业设计题目、本人工作志愿、学校意见等。这是毕业生在校综合情况的反映和记录，是学校对毕业生在大学期间的综合评价材料，毕业生要按照每个栏目的具体要求认真填写。学校要认真核实其中的各项内容，要以对国家负责、对毕业生负责的态度严肃对待。

（三）毕业生离校手续的办理

毕业生办理离校手续的时间一般在毕业生离校前的一周左右，按照学校的有关规定进行。毕业生必须持学校统一发放的离校手续单办理相关手续，主要流程如下。

(1) 毕业生到所在院系领取离校手续单。

（2）到校党团部门办理党团组织关系转递手续。

（3）到图书馆办理清交图书及借书证等手续。如若将学校的图书损坏或丢失，应按照学校的有关规定予以赔偿。

（4）到财务部门进行费用核对、清退。

（5）到宿舍管理部门办理退宿手续，交还宿舍钥匙。家具如有损坏，应按照学校的有关规定予以赔偿。

（6）到学生管理部门交还学生证。

（7）到教务部门交还借用的教学仪器和用具。

（8）到校医院交还医疗证。

（9）对于享受国家助学贷款的毕业生，到贷款管理部门办理有关手续。

（10）以上手续办理完毕后，领取毕业证、学位证、就业报到证和户口迁移证。

二、报到

根据《普通高等学校毕业生就业工作暂行规定》，毕业生必须使用由省级毕业生就业主管部门统一审核、打印、签发的就业报到证。就业报到证是毕业生就业报到的证明和公安部门办理落户手续的凭证。就业报到证一式两联，正联（毕业生就业报到证）是毕业生到用人单位报到的凭证，报到后由用人单位装入本人档案，作为毕业生参加工作的初始记载凭证；副联（毕业生就业通知书）由学校装入毕业生本人档案，随档案一同转至用人单位，作为学校寄送毕业生档案的凭证。

（一）办理和领取就业报到证的程序

毕业生就业手续一般由学校到省级毕业生就业工作主管部门办理，采用集中办理和分期分批相结合的方式进行。毕业前联系到就业单位的毕业生，由学校集中到省级毕业生就业主管部门办理；在国家规定的择业期内联系到就业单位的，毕业生将签订的就业协议按照学校规定的时间交到学校，由学校定期到省级就业主管部门办理。

从普通高等院校选调到乡（镇）机关工作的应届优秀大中专毕业生的就业手续，凭省委组织部省选调生录用通知办理；考取国家、省直机关公务员的毕业生，凭接收单位国家公务员录用手续办理。

毕业时未落实就业单位的毕业生，可以在国家规定的择业期内继续择业，档案和户口暂时保存在学校，也可以根据本人意愿，由学校将就业报到证办至生源地继续进行自主择业。择业期满仍未落实就业单位的毕业生，学校将就业报到证办至生源地自主择业。

参加“三支一扶”、自愿服务西部的毕业生，在择业期内落实就业单位的，直接到学校就业工作主管部门办理就业手续；择业期满仍未落实就业单位的，由学校到省级就业主管部门将就业报到证办至生源地；出国的毕业生，择业期满但仍未能落实就业单位的，毕业生应在择业期满前及时与学校联系，以便及时办理相关就业手续。

毕业生领取就业报到证后，凭就业报到证到户口所在地办理户口迁移手续。

（二）毕业生报到程序

毕业生在办理完所有离校手续后，即可持就业报到证、毕业证、学位证等有关证件到用人单位报到。对大部分毕业生来说，这一阶段是就业工作的最后阶段，它主要包括报到手续的办理、用人单位接收和安排工作岗位、毕业生户口关系的迁转、毕业生学籍档案的转移等。

1. 用人单位接收毕业生报到的有关规定

根据《普通高等学校毕业生就业工作暂行规定》，国家对毕业生到用人单位报到的规定如下：毕业生持就业报到证到用人单位报到，用人单位凭就业报到证办理接收手续和户籍关系。毕业生报到后，用人单位应根据工作需要和毕业生所学专业及时安排工作岗位。

2. 毕业生到用人单位报到应注意的事项

第一，毕业生应在离校前检查离校手续是否已办理完毕。检查就业报到证、户籍关系、党团关系、毕业证书、学位证书等是否已领取，同时要认真核查这些材料上的信息是否准确无误，如有错误或疏漏的信息，要及时向学校申请更改或补充，以免报到时给自己带来不便。第二，在前往用人单位报到的途中一定要妥善保管好自己的所有行李物品，特别是办理报到手续所需的材料，因为一旦丢失，补办这些材料费时费力，还将延误到用人单位报到的期限。第三，毕业生应在规定的报到期限内前往用人单位报到。确有特殊原因不能按时报到的，应主动与用人单位联系，说明原因并征得用人单位同意。第四，毕业生一经办理报到手续，无论是否在试用期，都应严格遵守用人单位的各项规章制度，服从工作安排。

（三）几种特殊情况的处理

1. 结业生

结业生通常是指在校期间未按学校规定完成指定课程学分，不能获得毕业资格，只能由学校颁发结业证的学生。按照《普通高等学校毕业生就业工作暂行规定》，结业生可由学校推荐或个人自荐，在择业期内落实了工作单位的可以办理就业报到手续，但必须在就业报到证上注明“结业生”字样；在择业期内没有落实就业单位的，由学校将其档案、户籍关系转至家庭所在地政府人事部门的人才交流中心，自谋职业。

2. 肄业生

肄业生是指具有正式学籍的学生未完成教学计划规定的课程而中途退学者（被开除学籍者除外）。肄业生由学校发给肄业证，但不办理就业报到证，其户籍关系转至入校前户籍所在地。

3. 提前修完学分的优秀学生

在实行学分制的学校，少数优秀学生在读完规定学分后，提出申请，经学校有关部门审核准予提前毕业的，报省级毕业生就业主管部门批准，可列入当年毕业生就业计划。

4. 升学的毕业生

毕业生在择业期间若参加了升学考试，在择业时应向用人单位说明情况。若未被录取，毕业生到该单位就业；若毕业生接到录取通知，应将录取结果及时告知用人单位并征得用人单位同意。若已办理了就业手续，还应将就业报到证退还给学校毕业生就业工作部门。

三、户口迁移

（一）户口的作用

户口是中国特有的一种户籍制度，如果在香港，户口一般指的是银行账户。中国政府依靠户口来统计中国的人口方面的数据，中国人口信息网上面那两个人口时钟就是根据户口统计出来的。所以说，在中国，户口就是你最本质的证明。没有户口，就是“黑户”，将面临着种种麻烦，比如无法办理身份证、无法登记结婚、无法领取社会补助、无法读书上学，甚至面临着“偷渡”的嫌疑。其实“黑户”很常见，如果毕业以后“三不管”，户籍档案关系“任逍遥”，等到用的时候发现，自己竟然莫名其妙变成了“黑户”，又得重新办理户口，费钱又费时间，麻烦至极。一般考上大学，就要回家领户口迁移证，从家里的户口簿里拿走自己的户口页，等到 9 月初开学报到的时候将这些材料全部上交，暂时性地成为学校所在城市的一员。但学校的集体户口只是临时性的，所以毕业的时候要把户口从学校迁出去。

（二）户口迁移的原则

毕业生户口关系的转移，由学校户口管理部门到辖区公安机关按规定办理，公安机关按报到证上标明的就业单位地址迁移户口，毕业生不得自行指定迁移地址。到工作单位报到后，持户口迁移证和报到证及工作单位证明到辖区公安部门办理户口迁移手续。

毕业离校时未落实工作单位的高校毕业生，本人要求将户口转回入学前户籍所在地的，公安机关应当按照户籍管理规定为其办理落户手续。

（三）户口迁移程序

户口迁移的工作，学校一般会以班级为单位统一进行安排。入校时户口未迁入学校的同学不需要办理户口迁移，其他同学需要明确自己的户口去向。

需要办理户口迁移的同学离校前一定要拿到户口迁移证。

（1）户口在学校的毕业生，落实工作单位的，应将户口由学校迁移到工作单位所在地。工作单位所在地公安机关凭省毕业生就业主管部门签发的《就业报到证》和用人单位主管部门的接收证明及学校所在地公安机关签发的《户口迁移证》为毕业生办理入户手续。

（2）户口不在学校的毕业生，落实工作单位的，凭省毕业生就业主管部门签发的《就业报到证》和用人单位主管部门的接收证明，就可将户口由原籍直接迁至工作单位所在地。户口迁出地公安机关凭《就业报到证》和用人单位主管部门的接收证明，直接办埋《户口迁移证》，工作单位所在地公安机关不需发《准予迁入证明》。

（3）户口在学校的毕业生，要求将户口迁回原籍的，公安机关凭毕业生本人的毕业证和《户口迁移证》办理恢复户口手续。

（4）普通高等学校毕业生，毕业离开学校时，还未落实工作单位的，可暂缓2年就业。暂缓就业毕业生的户口可继续保留在学校2年。毕业生在暂缓就业期间落实工作单位的，公安机关凭省高等学校毕业生就业主管部门签发的《就业报到证》和用人单位主管部门的接收证明，办理户口迁移手续；暂缓就业毕业生，在暂缓期满后仍未落实工作单位的，可按照有关规定将户口迁回原户口迁出地。

（5）户口在学校的本省生源毕业生，未落实工作，要求将户口迁回原籍，其父母户口已迁移到本省其他地区的，可直接将户口迁至其父母户口所在地；如果父母一方还在原籍居住的，该毕业生的户口仍应迁回原籍。

（6）已领取《户口迁移证》将户口迁回原籍的毕业生，因故一直未办理落户手续，迁入地公安机关问明情况后，凭原《户口迁移证》恢复户口；已领取《户口迁移证》将户口迁往异地，因故一直未办理落户手续的，按有关管理规定办理。

（四）户口迁移证

户口迁移证（图 7-1）是公民的户口所在地变动时，由原户口所在地迁往新落户地址的凭证。由户口迁出地的公安机关（高校由校公安派出所）开具。持证人到达迁入地后，需在有效期内将户口迁移证交给户口登记机关申报入户。

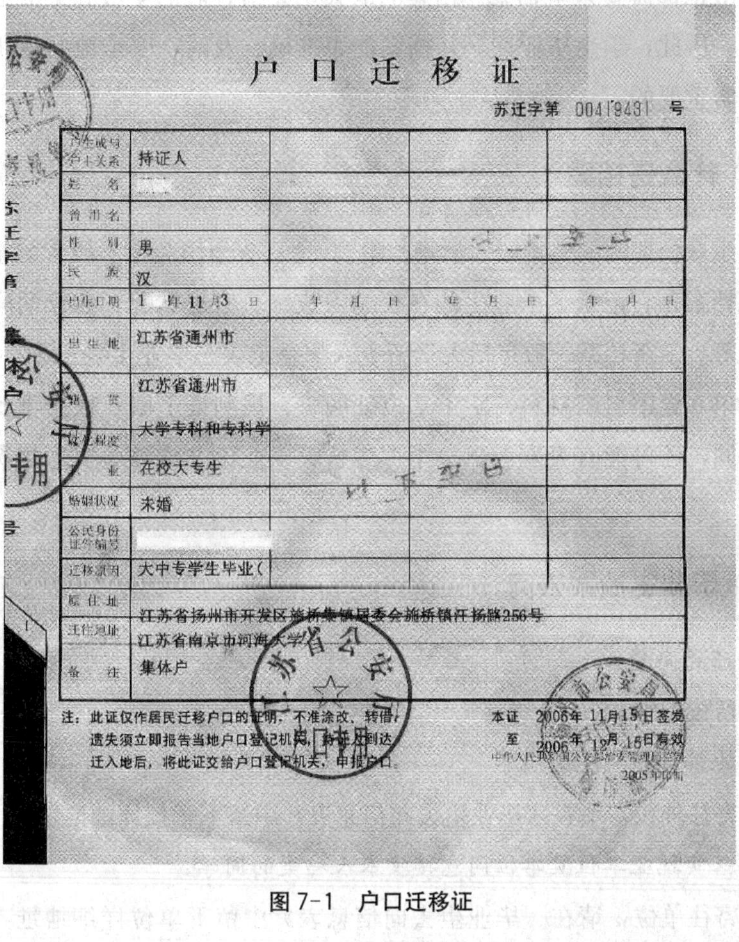

户 口 迁 移 证

苏迁字第 0041'9431 号

户主或与户主关系	持证人
姓名	[illegible]
曾用名	
性别	男
民族	汉
出生日期	1[illegible]年 11 月 3 日
出生地	江苏省通州市
籍贯	江苏省通州市
文化程度	大学专科和专科学
职业	在校大专生
婚姻状况	未婚
公民身份证件编号	[illegible]
迁移原因	大中专学生毕业(
原住址	江苏省扬州市开发区施桥集镇居委会施桥镇江扬路256号
迁往地址	江苏省南京市河海大学
备注	集体户

注：此证仅作居民迁移户口的证明，不准涂改、转借，遗失须立即报告当地户口登记机关，持证人到达迁入地后，将此证交给户口登记机关，申报户口。

本证 2006年 11月15日签发
至 2006年 12月 15日有效

图 7-1 户口迁移证

户口迁移证是公民在户口迁移过程中的重要凭证，因此公民在户口迁出后要妥善保管好户口迁移证，不得遗失、涂改以及转借，若因不慎将户口迁移证遗失，应立即报告当地户口登记机关。

四、档案管理

对毕业生而言，“人事档案”的作用不可小觑，企事业单位招聘员工、国家公务员的选拔等都要审查档案以作参考，办理社会保险、职称评定、出具各种相关证明等也都需要人事档案。档案的缺失，会给日后的学习和生活造成不必要的麻烦。因此，学生毕业后，其档案能否准确、及时、安全地到达用人单位手中是非常重要的。

（一）什么是档案

毕业生在校期间的档案叫“学籍档案”，是只有全国高考、研考统招生才具有的文字档案，它记录了毕业生的在校学习成绩、家庭状况、在校期间表现和奖惩情况等。学籍档案一般包括大学新生入学登记表、毕业生登记表、体检表、大学成绩单、党团组织材料、学士学位证明表、报到证下联。根据学校及个人情况的不同，还可能有表现考核、军训考核、毕业论文成绩、奖惩情况、实习材料等。

（二）毕业生档案去向

1. 保研的同学

档案留校即可。

2. 考上外校研究生的同学

档案寄往外校，请在《毕业生去向信息表》中留下学校详细地址。

3. 已落实就业单位且单位同意接收本人档案的同学

档案寄往单位，请在《毕业生去向信息表》中留下单位详细地址，所需材料为协议书或合同。

4. 已落实就业单位但不具备接收档案资格的同学

(1) 将档案托管在某地方人才交流中心，请在《毕业生去向信息表》中留下该人才交流中心地址，而非公司地址。所需材料为人才中心发来的调档函。

(2) 无意长期在此单位工作，还会再报考公务员或当兵或出国的同学要办理择业代理。所需材料为确认书、费用、实习合同。

5. 未落实就业单位的同学

(1) 将档案托管在某地方人才交流中心，请在《毕业生去向信息表》中留下该人才交流中心的地址，而非公司地址。所需材料为人才中心发来的调档函，外地的人才中心需要合同。

(2) 毕业后想考研、报考公务员、当兵、出国的同学要办理择业代理，相当于给自己一个缓冲期，最长期限为 2 年。所需材料为确认书、费用、实习合同。

档案寄发后，一般 7—10 日内可到目的地。毕业生一定要及时到有人事权的上级主管部门（如教育局、人才交流中心等）查询档案是否到达。如无到达记录，请尽快与母校联系，索取自己的档案投递“机要号”，然后到当地机要局或院校所在地机要局查询。

（三）档案转递的注意事项

高校学生必须了解其档案转递过程中的一些注意事项，以配合学校共同做好档案的转递工作，使自己顺利走上工作岗位。

1. 注意档案转递方式

按照有关规定，高校毕业生档案必须以机密件由机要通信方式转送到就业单位。机要通信是较普通邮政更为保密、安全、准确的档案转递渠道。

2. 注意档案的转递范围

凡派遣单位不属于机要转递范围的中小公司、企业及县区以下单位，毕业生应向学校提供准确的属于机要转递范围的上级主管单位及就业单位的详细地址。凡机要局无法寄递的单位，可由就业单位持介绍信来校领取毕业生档案。

3. 注意档案转递的时间及查询

一般情况下档案寄出一周内到达用人单位，毕业生可向就业单位的人事部门查询，如较长时间没有收到档案，应向学院就业主管部门申请查询。

五、党组织关系转接

党员因调动工作、参军、学习、外出务工经商或其他原因离开原所在地或单位，外出时间在六个月以上，且地点比较固定的，经党组织同意，应按规定转移党员正式组织关系（即开写党员组织关系介绍信）。

（一）转接步骤

(1) 党员经所在党支部同意，由党支部开出从支部到上一级党委（党工委）的组织关系介绍信。

(2) 党员持支部开出的介绍信到上一级党委（党工委），党委（党工委）核实后，根据支部开出的介绍信，分三种不同情况开出相应的介绍信：第一，如果党员转往该党委（党工委）下属的其他支部，则开出从党委（党工委）到转入支部的介绍信；第二，如果党员转往市内其他党委（党工委），则开出从所在党委（党工委）到转入党委（党工委）的介绍信，党员持介绍信，到转入党委（党工委）办理；第三，如果党员转往市外有关单位，则开出从党委（党工委）到市委组织部的介绍信。

(3) 党员持党委（党工委）开出的组织关系介绍信到市委组织部。市委组织部经核实后，根据党委（党工委）开出的介绍信情况，开出从市委组织部到市外相应有转接权限党委组织部门的介绍信。

(4) 党员持市委组织部开出的组织关系介绍信到市外相应有转接权限的党委组织部门，该组织部门开出从组织部门到转入党委（党工委）的组织关系介绍信。

(5) 党员持市外有转接权限党委组织部门介绍信到转入党委（党工委），该党委（党工委）根据介绍信情况，开出从党委（党工委）到转入支部的介绍信。

(6) 党员持转入党委（党工委）开出的介绍信到转入支部报到。

（二）党组织关系转接的注意事项

转移党员组织关系，是党组织一项严肃工作。党员组织关系介绍是党员政治身份的证明，每位毕业生党员在转移党员组织关系的过程中，应注意以下几点。

《中国共产党党员组织关系介绍信》是党员转移党组织关系的凭证，毕业生党员应在规定的离校时间内，将组织关系及时转到所去单位党组织。毕业生党员组织关系由学院党委统一开具，由本人携带，不得装入档案或平信邮寄。

已落实单位的毕业生党员（落实单位毕业生为已与就业单位签订就业协议者，与用人单位达成意向但实际未签约者不计算在内），首先要明确所在单位的上级党委，本人持学校出具的组织关系介绍信在有效期内直接到有关上级党委（组织关系介绍信的抬头即是）接转组织关系，不可将介绍信交给所在单位人事部、领导等，以免介绍信丢失或长期不转组织关系而造成脱党。

毕业的预备党员，到新单位后一定要及时与党组织取得联系，按时交纳党费，过组织生活，要定期向组织写思想汇报，预备期满前写转正申请书，按期转正。

未落实单位的毕业生党员，其组织关系原则上转移到本人或父母居住地党组织，或者挂靠在人才市场。

预备党员的档案由本人亲自携带，交至新去的单位；正式党员档案材料一并随学籍档案统一转出。

组织关系介绍信的有效期限为：市内不超过一个月，外省市不超过三个月，党员必须在有效期内接转组织关系。若因改派或组织关系介绍信接转地点有误等，必须在有效期内回校更改，无故不按时接转组织关系是组织观念淡漠、违反党纪的表现。超过六个月未接转组织关系、造成自动脱党或其他情况者后果自负。

六、人事代理

已经踏上工作岗位的大学生经常遇到这样的问题：有些大学生已经在单位工作多年，却发现自己的人事关系仍无着落；有些虽然与工作单位签订了劳动合同，但过了改派期，因为没办理人事代理，不但无法办理流动转移手续，还使自己的工龄、转正定级、评定职称、缴纳社会保险等待遇都受到了影响。这些问题的出现，都是因为大学生在毕业时没有办好人事代理相关事宜。

（一）毕业生人事代理

毕业生人事代理是指政府人事部门所属的人才交流机构，本着充分尊重毕业生自主择业的原则，高效、公正、负责地为各类毕业生解决在择业、就业中遇到的人事方面的有关问题，并提供以档案管理为基础的社会化人事管理与服务。

（二）毕业生人事代理的对象

凡通过双向选择，已同外资企业、股份企业、乡镇企业、区街企业、私营企业、民办科技、教育机构、医疗机构、各种中介机构等非国有单位和实行聘用制的国有企事业单位签订就业协议的毕业生，择业期内暂未落实就业单位、正在择业的毕业生，准备复习考研或自费出国留学的各类毕业生等，均应实行人事代理。

（三）人事代理的管理方式

人事代理是人事工作适应市场经济发展，从传统的人事制度向与市场经济体制相配套的人事管理制度转变，实行人、档分离的管理方式。人事代理业务可由单位委托，也可由个人委托，单位或个人把人事关系和档案等人事业务委托人才服务中心管理，用人单位只负责对人才的使用，档案、行政关系由人才服务中心统一管理并提供全方位人事业务服务的社会化人事管理方式。

（四）人事代理的内容

根据目前的人事代理政策，毕业生办理人事代理可以解决以下几个方面的问题。

（1）本人档案的保管、转移，户籍关系的挂靠，党、团组织关系的挂靠、接转。

（2）代办养老保险、医疗保险和社会保险项目。

（3）见习期满后的转正、定级、专业技术职务资格评审。

（4）出具因公、因私出国、出境等政审证明材料。

（5）代理期间工龄连续计算，负责档案工资的核定调整。

（6）为毕业生办理改签手续。

（7）对毕业时未找到就业单位的毕业生，人才服务中心可以为其办理求职登记并提供就业岗位。

（8）办理人事代理后，不论流动到何单位，其工龄、身份、职称、社会保险、档案等方面，都由人才交流服务机构提供配套服务。

（五）毕业生办理人事代理的重要性

一部分毕业生不了解人事代理的必要性和重要性，以为报到后国家不分配工作，档案放在哪里都一样；还有一部分毕业生认为找到正式或较稳定的工作前，保险、职称等事情都不重要。这样一来，由于没及时办理，等需要办理评定职称、养老保险，或向其他单位流动时，才发现给自身的利益造成了许多不应有的损失。

应届毕业生办理好人事代理手续再离校，可为自己赢得广阔的就业空间及就业主动权，同时解决了自己的后顾之忧。

1. 转正定级

委托人事代理的应届毕业生见习一年期满后，省人才中心按国家规定转正定级。转正定级虽然对在非国有单位工作意义不大，但是转正定级后意味着干部身份的正式确定，如果变动工作调入国有单位，转正定级将作为享受有关待遇的主要依据。

2. 初定职称

国家规定，全日制普通院校毕业生，见习一年期满后，经考核合格，即可在转正定级的同时办理初定专业技术职务手续，不需要再进行评审。具体规定是：中专毕业见习一年期满，定为“员”级职务；大专毕业见习一年期满，再从事本专业技术工作两年，定为“助师”级职务；大学本科毕业见习一年期满，定为“助师”级职务；硕士学位获得者从事本专业技术工作三年，定为“师”级职务；博士学位获得者定为“师”级职务。人事代理毕业生可于见习期满的当年10月，向省人才中心申请办理相应职务初定手续。凡属国家开考的专业，可向省人才中心报名，通过参加统考取得资格。

（六）办理人事代理的流程

根据毕业生的不同情况，人事代理手续的办理程序有所不同，具体程序分别如下。

1. 择业期内已联系到接收单位的毕业生

凭接收单位签章的就业协议书到省、市人才中心，由省、市人才中心审核后签署人事代理意见；毕业生将就业协议书送交所在学校，由学校统一到有关部门办理就业报到证、户口迁移证，并将毕业生档案转交省、市人才中心；毕业生持就业报到证、户口迁移证、身份证等到接收单位办理户口迁入手续，接收单位无集体户口的，可直接落入省、市人才中心集体户口。

2. 择业期内暂未联系到接收单位或准备复习考研的大专以上毕业生

持就业协议书到省、市人才中心，由省、市人才中心审核签署人事代理意见（学校也可以集中为毕业生办理人事代理手续）；毕业生将就业协议书交所在学校，由学校统一到有关部门办理就业报到证、户口迁移证，并将其档案转交省、市人才中心；毕业生持就业报到证、户口迁移证、身份证等材料到省、市人才中心报到，签订人事档案管理合同，户籍落入省、市人才中心。

3. 择业期内已就业，按要求到省、市人才中心实行人事代理的毕业生和由省外院校到本省二次择业的毕业生

持就业报到证（改签的还需提供原接收单位或省辖市人事部门同意改签的证明）到省、市人才中心，由省、市人才中心出具接收函；凭省、市人才中心的接收函和原就业报到证直接到省毕业生就业办办理改签手续，并凭新的就业报到证将毕业生档案转交省、市人才中心；持新的就业报到证、户口迁移证、身份证等材料到省、市人才中心报到，签订人事档案管理合同，户口迁入省、市人才中心集体户口。

知识分享

毕业手续办理常见问题

毕业生离开学校后，可能还会遇到一些麻烦事需要学校帮助协调解决，这就需要事先了解这些事情的具体办理程序，以便在出现这些情况时将相关材料提前准备好，提高办事的效率。

1. 就业报到证的改签

毕业生就业协议一经协议各方签约，即具有法律效力，必须认真履行，不得随意毁约。协议解除必须经过各方协商达成一致意见，才可办理就业报到证改签。择业期内，办理就业报到证改签需提交的材料有：原就业报到证，原就业单位及其主管部门同意毕业生改签就业报到证或与毕业生解除劳动合同关系的书面文件材料，拟接收单位及其主管部门同意接收毕业生的书面文件材料。其中，没有签订就业协议被介绍回生源所在地，并且在本地没有就业的，在择业期内跨省、跨市联系到接收单位的，生源地毕业生就业主管部门可不签署同意改签的意见。

就业报到证改签须在两年的择业期内办理，逾期一律不再受理，按在职人员的相关人事规定执行。

2. 就业报到证遗失

就业报到证遗失的，应及时到当地或就读学校所在地省级报刊上刊登“遗失声明”，声明内容包括：毕业学校、届别、专业、姓名、性别和报到证编号。然后将接收单位证明、报纸、个人补办申请等材料递交到学校毕业生就业主管部门，经审核同意后，由学校向省级毕业生就业主管部门提出补发申请，在审核材料后由省级毕业生就业主管部门重新办理报到证。

在择业期内，重新补发新证，并在备注栏里注明“遗失补发”；超过择业期的，不再补发新证，只开具遗失证明。

3. 毕业证遗失

根据国家规定，毕业生遗失毕业证书后，由本人向原毕业学校申请，学校查有实据者可以开具学历证明书，不能补发毕业证书。学历证明书由国家教育部统一印制，内容与毕业证书基本相同，贴本人免冠照片，盖学校印章并编号。学历证明书与原毕业证书具有同等效力，出国使用者可由公证处公证。补办学历证明书具体程序如下。

(1) 毕业证书遗失后，应及时登报声明原毕业证书作废，并向毕业学校提交补办申请，内容包括姓名、性别、专业名称、学历、学制、入学时间和毕业时间、毕业证书编号等。

(2) 毕业学校对其情况核查无误后，将刊登有遗失声明的报纸原件、本人申请和录取审批表等材料一同报省教育主管部门申请补办学历证明书。

(3) 省教育主管部门对其情况核准后，补发学历证明书。

(4) 由原毕业学校具体办理并加盖印章。

4. 户籍关系遗失

(1) 本人提交书面补办申请，写清户籍关系、丢失原因、迁出和迁入地点及编号等内容。

(2) 由户籍迁入地的户籍关系管理部门出具未入户的证明。

(3) 持本人申请、未入户证明、就业报到证等材料到学校户籍关系管理部门申请补办，并填写户籍关系补发审批表。

(4) 由户籍关系迁出部门依据迁出原始材料，核对无误后，给予审批补发，并在补发证件上注明原证件作废。

5. 学籍档案遗失

毕业生学籍档案材料很丰富，主要有：高考报名登记表，大学生登记表，入党、入团申请书和志愿书、思想汇报、发展对象考察表，军训材料，学生奖惩情况，学年鉴定表，成绩单，体检表，实习报告，毕业论文，毕业生登记表以及其他需要归档的材料。因此，学籍档案一旦遗失，将会给学习和工作带来很大麻烦，需要花费很大精力去补办各种材料来重建一份档案，有些材料甚至无法补办。即使有些材料能够补办，也已经不是自己当时情况的真实完整记录了，会给自己带来终身遗憾。

一般来讲，毕业生档案由学校通过机要渠道转递，或由学校安排专人递送，各个环节都有人负责，发生遗失的几率较小。即便是一时找不到，最大的可能是因地址不详，机要局投递不到，这时可向学校询问档案是否已由机要局退回学校，或向学校查询档案投递的机要号，然后请机要局查找档案的具体投递地址。

一旦出现学籍档案遗失，应由用人单位开具证明，本人写出书面补办档案的申请，经学校学籍档案的管理部门审核无误，才可以按照原档案内容到各有关部门补办档案材料。

（资料来源：中国教育在线。）

第二节　大学生就业的权利与义务

从多年来的实际情况看，即将步入社会的大学毕业生，往往会将注意力集中在简历制作、招聘信息收集、准备面试与笔试等方面，而忽视了对与就业有关的法律、法规及制度的学习和了解，再加上社会经验不足、自我保护意识较差、就业竞争激烈、就业市场不够规范等多种原因，致使一部分毕业生在求职择业的道路上遭遇了各种各样的“陷阱”。因此，毕业生在就业过程中，一定要积极主动了解和掌握国家有关就业方面的法律、法规及政策、制度，时刻保持清醒的头脑，学会运用法律武器维护自己的合法权益。

一、大学生就业的基本权利

作为一个特殊群体，大学生在就业过程中除享有普通劳动者所享有的劳动报酬权、休息休假权、劳动保护权等一般权利外，还享有许多其他的权利。具体如下。

（一）就业信息知情权

就业信息知情权是指大学毕业生拥有及时全面地获取应该公开的各种就业信息的权利。它包括三个方面的含义：（1）信息公开，任何团体、组织和个人都不得隐瞒、截留用人信息，要全部向毕业生公布；（2）信息及时，应当将就业信息及时向毕业生公布，否则就业信息就会过时，失去了利用价值；（3）信息全面，向毕业生公布的就业信息应当是全面完整的，部分的、残缺不全的信息将影响毕业生对用人单位的全面了解和准确判断，从而影响他们对职业的选择。

（二）接受就业指导权

就业指导工作对毕业生来说意义重大，它会直接影响毕业生的职业生涯规划、就业意识、就业方向及求职择业的技巧。接受来自国家、社会和学校的及时、有效的就业指导与服务，是大学毕业生的一项重要权益。学校在毕业生就业指导中占据重要位置。《中华人民共和国高等教育法》第五十九条规定，“高等学校应当为毕业生、结业生提供就业指导和服务”。为做好毕业生就业指导工作，学校应当设立专门机构、开设专门课程、安排专门人员对毕业生进行全方位的就业指导与服务，向毕业生宣传国家关于毕业生就业的方针、政策，帮助毕业生做好职业规划，对毕业生进行择业技巧的指导，引导毕业生准确定位，合理择业。除了学校，毕业生还可以从社会上合法的就业指导机构获得帮助。

（三）被推荐权

向用人单位推荐毕业生是学校就业工作的一项重要职责，学校的推荐对用人单位选择毕业生起着重要作用。毕业生享有被学校及时、公正、如实推荐到用人单位的权利。学校推荐毕业生时应做到：（1）如实推荐，对毕业生的在校表现不夸大、不贬低，实事求是；（2）择优推荐，在公开、公正的基础上择优推荐毕业生，使人尽其才，并激发广大学生的学习和工作的积极性；（3）公正推荐，根据个人的表现及能力，公平、公开、公正地推荐每一位毕业生，使大家都能够享受到被推荐的权利。

（四）平等就业权

毕业生在就业过程中享有平等的就业权利，有平等的机会去竞争工作岗位，反对就业中的各种歧视行为，这是一项基本的劳动权和人权。毕业生应当平等地接受学校推荐，平等地参加用人单位的公开招聘，同时还应该要求用人单位在录用毕业生时能够做到公平、公正及一视同仁。目前，社会上确实存在着种种就业歧视，包括性别歧视、地域歧视、学历歧视、经验歧视、身体条件歧视等，毕业生在遭遇这些歧视时，应该勇敢地拿起法律武器维护自己的权利。

（五）就业选择自主权

根据国家规定，毕业生在国家就业方针、政策指导下“双向选择，自主择业”，即毕业生可按照自己的意愿就业，有权决定自己是否就业、何时就业、何地就业、从事何种职业，学校、其他单位和个人均不能进行干涉。任何强加给毕业生的就业行为都是侵犯毕业生就业自主权的行为。

（六）择业知情权

毕业生在与用人单位签订就业协议及劳动合同前，有权了解用人单位的主体资格、劳动岗位、劳动条件、劳动报酬及规章制度等情况，用人单位应当如实说明和介绍，不能回避或故意隐瞒某些职业危害，也不能夸大单位规模和提供给毕业生的待遇。

（七）违约求偿权

用人单位、毕业生、学校的三方协议一经签订后，任何一方不得擅自毁约和违约，如果用人单位无故解除协议，或不按照协议内容履行，毕业生有权要求用人单位承担违约责任，包括支付违约金。在实际就业过程中，毕业生出于谋求更好的就业机会等原因，向用人单位主动提出解除协议的情况较多，毕业生大多也都承担了自己的违约责任。但用人单位一方出于单位改制、经营情况不良等原因，也有主动向毕业生提出解除协议的情况，甚至个别单位在招聘时提供了虚假信息，在毕业生到单位就业后不能履行对毕业生的承诺。对于这些情况，毕业生有权向用人单位提出赔偿要求。

（八）户口档案保存权

毕业生自毕业之日起两年择业期内如果没有联系到合适的工作单位，没有和用人单位签订就业协议，也没有因回生源地自主择业、出国等情况而办理人事代理手续，有权将档案和户口保存在学校，学校应当对毕业生的学籍档案和户口关系进行妥善保管，不能向毕业生收取费用。择业期满后，学校不再承担此义务。

二、大学生在就业过程中应履行的义务

（1）毕业生有服从国家需要，遵守国家就业政策及学校据此制订的具体规定的义务。毕业生“自主择业”并不是完全的“自由择业”，是在国家就业方针政策指导下的自主就业，毕业生有服从国家需要的义务。招生并轨后，大学生实行缴费上学、自主择业，但是毕业生所缴纳的学费只是国家培养学生所需费用的一部分，大部分费用仍由国家承担。但同时，作为一名国家公民有为国家和社会服务的义务，所以毕业生有义务服从国家需要，为国家的建设做出应有的贡献。

（2）毕业生有向用人单位如实介绍个人基本情况的义务。毕业生在自荐或求职过程中，应该实事求是，按照诚实守信的原则，如实向用人单位介绍自己的情况，包括政治思想品质、学习成绩、健康状况、能力特长、在校表现等，保证毕业生就业推荐表、协议书和个人简历等有关材料内容真实。

（3）严格按照就业协议及其他合法约定履行相应义务。就业协议对用人单位和毕业生均有约束力，毕业生与用人单位签订就业协议后，必须在规定的时间内到签约单位报到工作，严格按照协议约定履行义务，不得无故擅自变更或自行解除协议。

（4）承担自身违约而带来的相应责任。

（5）依法应履行的其他义务。

三、就业相关法律、法规

毕业生要熟悉和掌握国家有关法律、法规，强化自己的维权意识。一旦在

求职应聘、签订就业协议和劳动合同的过程中发现有权益受到侵害的现象时，能够积极运用法律武器争取和维护自己的合法权益。与就业相关的主要的法律、法规有：《劳动法》《劳动合同法》《就业促进法》《劳动争议调解仲裁法》《普通高等学校毕业生就业工作暂行规定》等。

（一）《劳动法》

《劳动法》于1994年7月5日经第八届全国人民代表大会常务委员会第八次会议通过，自1995年1月1日起施行。它根据宪法制定，目的是“为了保护劳动者的合法权益，调整劳动关系，建立和维护适应社会主义市场经济的劳动制度，促进经济发展和社会进步”。适用的范围是：在中华人民共和国境内的企业、个体经济组织和与之形成劳动关系的劳动者，国家机关、事业组织、社会团体和与之建立劳动合同关系的劳动者。内容包括：劳动者的基本权利和义务、促进就业、劳动合同和集体合同、工作时间和休息休假、工资、劳动安全卫生、女职工和未成年工特殊保护、职业培训、社会保险和福利、劳动争议、监督检查、法律责任等。

毕业生应着重了解《劳动法》中关于劳动者应享有的各项权利：平等就业和选择职业的权利、取得劳动报酬的权利、休息休假的权利、获得劳动安全卫生保护的权利、接受职业技能培训的权利、享受社会保险和福利的权利、提请劳动争议处理的权利以及法律规定的其他权利。毕业生还应当明确：“劳动者应当完成劳动任务，提高职业技能，执行劳动安全卫生规程，遵守劳动纪律和职业道德。”用人单位应当依法建立和完善规章制度，保障劳动者享有劳动权利和履行劳动义务。

（二）《劳动合同法》

《劳动合同法》于2007年6月29日经第十届全国人民代表大会常务委员会第二十八次会议通过，自2008年1月1日起施行。2012年12月28日，中华人民共和国第十一届全国人民代表大会常务委员会第三十次会议通过《全国人民代表大会常务委员会关于修改〈中华人民共和国劳动合同法〉的决定》，修改后的《劳动合同法》自 2013 年 7 月 1 日起施行。

《劳动合同法》从劳动合同的订立、履行、变更、解除到终止，明确了劳动合同双方当事人的权利和义务，重在对劳动者合法权益的保护，被誉为劳动者的“保护伞”，为构建与发展和谐稳定的劳动关系提供了法律保障。作为我国劳动保障法制建设进程中的一个重要里程碑，《劳动合同法》的颁布实施有着深远的意义。

《劳动法》与《劳动合同法》都是为了保护合法的劳动关系和双方的合法利益而制定的法律，《劳动合同法》是《劳动法》的特别法，在关于劳动合同的问题上，优先适用《劳动合同法》。《劳动合同法》突出了以下内容：一是立法宗旨非常明确，就是为了保护劳动者的合法权益，强化劳动关系，构建和发展和谐稳定的劳动关系；二是解决目前比较突出的用人单位与劳动者不订立劳动合同的问题；三是解决合同短期化问题。

试用期是用人单位与劳动者建立劳动关系后为相互了解、相互选择而约定的考察期，是毕业生工作的第一个阶段，也是和用人单位最容易出现纠纷的阶段。《劳动合同法》第十九条对试用期劳动者的权益保护进行了明确规定：“劳动合同期限三个月以上不满一年的，试用期不得超过一个月；劳动合同期限一年以上不满三年的，试用期不得超过二个月；三年以上固定期限和无固定期限的劳动合同，试用期不得超过六个月。同一用人单位与同一劳动者只能约定一次试用期。以完成一定工作任务为期限的劳动合同或者劳动合同期限不满三个月的，不得约定试用期。试用期包含在劳动合同期限内。劳动合同仅约定试用期的，试用期不成立，该期限为劳动合同期限。”第二十条限定了试用期最低工资水平：“劳动者在试用期的工资不得低于本单位相同岗位最低档工资或者劳动合同约定工资的百分之八十，并不得低于用人单位所在地的最低工资标准。”第三十七条明确毕业生可以在试用期内提出解除劳动合同：“劳动者在试用期内提前三日通知用人单位，可以解除劳动合同。”有些用人单位在劳动合同中约定劳动者在试用期解除合同需承担违约责任，这实际上是侵害劳动者合法权利的行为。第四十条规定毕业生如果在试用期患上疾病不能坚持正常工作的，用人单位不能随意将其辞退："劳动者患病或者非因工负伤，在规定的医疗期满后不能从事原工作，也不能从事由用人单位另行安排的工作的，用人单位提前三十日以书面形式通知劳动者本人或者额外支付劳动者一个月工资后，可以解除劳动合同。"

（三）《就业促进法》

《就业促进法》于 2007 年 8 月 30 日经第十届全国人民代表大会常务委员会第二十九次会议通过，自 2008 年 1 月 1 日起施行。制定的目的是为了促进就业，促进经济发展与扩大就业相协调，促进社会和谐稳定。人们普遍关心的禁止就业歧视、扶助困难群体、规范就业服务和管理等就业问题在这部法律中都有体现。

毕业生在就业中常常遭遇就业不平等、就业歧视等问题，《就业促进法》给毕业生提供了明确的法律依据，应引起毕业生的特别关注。《就业促进法》第二十五条规定："各级人民政府创造公平就业的环境，消除就业歧视，制定政策并采取措施对就业困难人员给予扶持和援助。"这一条对用人单位实施就业歧视的行为进行了明确否定。第二十六条规定："用人单位招用人员、职业中介机构从事职业中介活动，应当向劳动者提供平等的就业机会和公平的就业条件，不得实施就业歧视。"这一条规范了用人单位和职业中介机构的招聘和职业中介行为。此外，《就业促进法》对于保障妇女、少数民族、残疾人、传染病患者等劳动权利都做了明确规定。第二十七条规定："国家保障妇女享有与男子平等的劳动权利。用人单位招用人员，除国家规定的不适合妇女的工种或者岗位外，不得以性别为由拒绝录用妇女或者提高对妇女的录用标准。用人单位录用女职工，不得在劳动合同中规定限制女职工结婚、生育的内容。"第二十八条规定："各民族劳动者享有平等的劳动权利。用人单位招用人员，应当依法对少数民族劳动者给予适当照顾。"第二十九条规定："国家保障残疾人的劳动权利。各级人民政府应当对残疾人就业统筹规划，为残疾人创造就业条件。用人单位招用人员，不得歧视残疾人。”第三十条规定：“用人单位招用人员，不得以是传染病病原携带者为由拒绝录用。”目前，社会上就业歧视的现象仍屡见不鲜，用人单位违反《就业促进法》进行就业歧视的，毕业生可以向人民法院提起诉讼，以维护自己平等就业的权利。

第三节　保障就业权益之就业协议书

就业协议书是《全国普通高等学校毕业生就业协议书》的简称，又叫三方协议，是高校毕业生与用人单位确立劳动关系，明确双方在毕业生就业工作中权利和义务的协议。就业协议书是学生作为学校列入派遣计划的重要依据，由学校发给毕业生签字，用人单位盖章，毕业生本人保存一份作为办理报到、接转行政和户口关系的依据。签订就业协议书是国家为规范高校毕业生工作，避免混乱，杜绝就业欺诈行为，维护高校毕业生就业工作严肃性，为维护毕业生、用人单位和学校的合法权益而采取的一项必要措施。

一、就业协议书的主要内容

（一）要填写的内容

就业协议书一般包括以下要填写的内容。

(1) 毕业生的姓名、性别、年龄、民族、政治面貌、健康状况、身高、体重、专业、学制、学历、家庭住址、应聘意见等。

(2) 用人单位名称、单位隶属、联系人、联系电话、邮政编码、通讯地址、所有制性质、单位性质、档案转移详细地址、用人单位意见、用人单位上级主管部门意见等。

(3) 学校毕业生就业主管部门意见、学校联系人、联系电话、邮政编码、学校通信地址。

（二）协议的内容

（1）毕业生应按国家法规就业，向用人单位如实介绍自己的情况，了解用人单位的使用意图，表明自己的就业意愿，在规定的时间内到用人单位报到，若遇到特殊情况不能按时报到，需征得用人单位同意。

（2）用人单位要如实介绍本单位的情况，明确对毕业生的要求及使用意图，做好各项接收工作。

（3）学校要如实向用人单位介绍毕业生的情况，做好推荐工作；用人单位同意录用后，经学校审核列入建议就业计划，报主管部门批准，学校负责办理派遣手续。

（4）各方应严格履行协议，任何一方若违反协议，应承担违约责任。

（5）其他补充协议。

（三）就业协议书的填写事项

（1）毕业生就业协议书一式三份，是无碳复写格式，要妥善保管，避免被硬物剐蹭，不要在第一页上乱写，以防影响第二、第三联的正常使用。

（2）与毕业生签订就业协议的单位必须是具有接收应届毕业生能力的单位，即能够解决毕业生户口、档案问题的单位。若用人单位不能解决毕业生户口，可不签订三方协议，毕业生可与用人单位签订双方《就业意向书》（毕业后再签订《劳动合同书》），持用人单位出具的接收证明，在就业指导中心办理就业手续，其户口档案回生源地，按灵活就业办理就业手续。对于北京、上海、广州等户口未迁到学校的毕业生，需要单位解决档案问题。

（3）就业协议书与推荐表一起使用，（除研究生委培、定向、本科生保研、出国外）由各院统一下发给每一名准备就业的毕业生，每人一份，不得转借、复制，严禁重复签约。

（4）需要毕业生本人填写的部分，请毕业生按本人真实情况填写。

（5）用人单位情况及意见。所有项目均由用人单位填写，不能为空。其中，档案转寄地址和户口迁移地址等栏目非常重要，要求用人单位认真填写。

(6) 备注部分。学校不参与就业协议书“备注”内容，具体内容是毕业生与用人单位达成一致的意见。一般包括如下方面：签约年限、工作地点、落户地点、违约条款等。在填写备注部分时，有三点需要注意：一是注明的内容应是双方事先约定好的，如果事先没有约定好可能会影响协议的达成；二是有些内容是属于通过劳动合同来约定的，许多用人单位对此有统一的规定，可能无法满足个人的特殊要求；三是如果用人单位和个人已经有了另外较为详细的两方协议约定，也不必在就业协议书上重复注明。有些用人单位还有可能对某些条款（如薪金等）提出保密而要求不在就业协议书上注明。

(7) 三方协议中的单位名称。此项内容请毕业生一定要认真填写，毕业时发放的报到证以就业协议书中填写的单位名称进行派遣。到学校向教委上报就业方案时，如三方协议未能按时返回学校的，以学生在就业信息网上填报的单位名称为派遣依据。

二、签订就业协议书的意义

（一）就业协议书是毕业生就业和用人单位接收毕业生的重要依据

在毕业生就业制度中，为了合理配置劳动力资源，充分发挥人才的作用，国家赋予毕业生自主选择工作的权利，同时为了调动用人单位的积极性，国家把自主录用人才的权利赋予用人单位。同样具有自主权利的双方，在国家就业政策的指导下，通过双向选择，达成一致意见，并以书面的形式确定下来，这就是签订就业协议书。其目的是为了保护毕业生和用人单位各自的权益，同时，它也成为毕业生就业和用人单位录用毕业生的重要依据。

（二）就业协议书是学校实施毕业生就业管理、编制就业方案的重要依据

国家为宏观控制毕业生流向，保障急需人才的补充，就要使就业有一定的

计划性。因此，学校要以就业协议书为依据编制毕业生就业的建议性方案，报上级毕业生就业主管部门审批。同时，学校为了加强对毕业生就业工作的管理，维护毕业生和用人单位的合法权益，保持与用人单位的合作关系，维护高校自身的信誉，要参与就业协议的签订并监督执行。

（三）就业协议书是进行毕业生派遣的依据

国家颁布的《普通高等学校毕业生就业工作暂行规定》明确规定了地方主管毕业生调配部门和高等学校依据就业协议书，按照国家下达的就业计划，向毕业生核发报到证，进行派遣。派遣毕业生统一使用《全国普通高等学校本专科毕业生就业报到证》。就业协议书是进行毕业生派遣的依据，学校根据政府审核批准的就业计划，发给毕业生就业报到证，毕业生持报到证在规定的时间内到指定单位报到，并办理户籍关系的迁移。

（四）就业协议书是进行劳动统计的重要依据

就业协议书能够准确反映用人单位的劳动需求，反映劳动力市场对毕业生的需求状况。学校每年依据就业协议书来编制就业计划，落实当年的就业率指标，给国家提供相关就业数据。同时，还可以通过对就业信息的统计、分析和对比，及时调整专业学科设置，促进教学改革，使其更好地适应劳动力市场需求。

（五）就业协议书可维护和保护各自的权利和利益

办理就业协议书有利于明确用人单位和毕业生各自的权利和义务，保护各自的权利，维护各自的利益。

三、签订就业协议书的注意事项

为了保护毕业生在就业过程中的权益，以及避免不必要的纠纷，毕业生在签订就业协议时要注意以下事项。

（一）全面了解用人单位，审查其主体资格

近几年，随着高校扩招，毕业生在就业市场上常常供大于求，他们求职心切，只听信用人单位单方面的许诺，不进行较为全面的考察就立即签约，这样一旦真正发现用人单位的许诺和自己的预期相差太远，便后悔莫及，甚至可能违约，与此同时还要承担违约责任，给自己带来不必要的麻烦，也影响学校的声誉。因此，毕业生签订就业协议时必须对用人单位进行较为全面的考察，特别要审查用人单位是否具备合法的主体资格。一般而言，用人单位，不管是机关、事业单位还是企业（不包括私营企业），必须要有进人的权利。如果其本身不具备进人的权利，则必须经其具有进人权利的上级主管部门批准同意。

（二）认真审查协议书和补充协议的内容

协议书的内容是整个协议书的关键部分，毕业生一定要认真审查。首先，要审查协议内容是否合法，是否符合国家相关法律和政策；其次，要审查和仔细推敲双方权利和义务是否合理，由于现在使用的协议书内容简单，毕业生可以和用人单位协商，就原协议书中未能体现的具体权利和义务用补充协议的形式表达出来。

必须指出，补充协议书和主协议书具有同等法律效力。如果遇到单位在协议书或者补充协议中只规定毕业生定期服务的义务和违反约定时的赔偿，而不提单位提供的工资标准、工作岗位和工作条件等在《劳动合同》中必备的约束用人单位的条款，用人单位的用意就非常明显，此时毕业生就需要进一步谨慎考虑。

（三）利用好就业协议备注栏

备注栏通常是记录毕业生和用人单位双方达成的其他补充意见。在当前就业协议与劳动合同双轨并存的现状下，应充分发挥就业协议中“备注”栏的作用，或在签订就业协议的同时签订书面补充协议。现在毕业生与用人单位通常

会就协议解除达成某些意向，如体检不合格、无法解决落户问题、考取研究生等，协议自动解除，那么应将该内容记载于就业协议备注栏中，这样，待约定的情况发生时，双方都无需承担违反就业协议的责任。若无约定事项，在填写就业协议时，应在备注栏中说明“以下空白”或“无”。

（四）协议的形式合法

在法律意义上，书面文本效力大于口头承诺，但凡双方协商一致的内容都应当形成书面材料，并且要表述清楚、明确，不要有歧义。毕业生和用人单位对协议各项条款经协商一致，签约时要注意完整地履行手续。

第一，毕业生要签名并写清签字时间；第二，用人单位及其上级主管部门必须加盖单位公章并注明时间，不能用个人签字代替单位公章；第三，毕业生和用人单位签字后需将协议书交给学校就业主管部门履行相关手续；第四，用人单位和毕业生各保留一份协议，并将第三份交学校保管。

（五）注意与劳动合同的衔接

由于毕业生就业协议签订在先，为避免在日后订立劳动合同时产生纠纷，应尽可能将劳动合同的主要内容如有关服务期、试用期、基本收入、福利、违约金等体现在就业协议的约定条款中，并明确表示在今后订立劳动合同时应予以确认。否则，若对工作内容、劳动报酬、福利待遇、试用期限、服务期限等劳动合同中的主要条款无事先约定，或只听用人单位口头承诺，当与用人单位发生纠纷时，空口无凭，无据可查，对维护毕业生的合法权益极为不利。当毕业生到用人单位报到后，一定要尽快与单位签订劳动合同，将协议中约定的相关报酬、合同期、福利待遇等写入正式的劳动合同中，以保障自身的合法权益。

（六）违约责任须明确

违约责任是指协议当事人因过错而不履行或不完全履行协议规定的义务应承担的法律责任，它是保证协议履行的有效手段。鉴于实践中毕业生及用人单位违约率有所增加的状况，协议书中违约责任条款就显得更为重要。因此，在协议内容中，应详细表述当事人双方的违约情形及违约后应负的责任，同时还应写明当事人违约后通过何种方式、途径来承担责任。这样，才能更有利于当事人双方履行协议，也有利于以后违约纠纷的解决。

四、就业协议书的管理及审核

（一）就业协议书的管理

（1）在择业过程中，毕业生与用人单位达成需求意向后，均需签订由学校统一发放的就业协议书。

（2）就业协议书是办理就业报到证的依据，任何单位和个人不得复印、复制就业协议书。

（3）就业协议书不得挪用和转借，一经发现，所发放的就业协议书作废，并追究当事人责任。

（4）就业协议书因污损或损坏不能正常使用时，毕业生可向所在院（系）提出申请并由学生工作负责人签署意见后，凭原就业协议书和申请到学校就业主管部门更换新的就业协议书。

（5）考取研究生的毕业生，如未签订就业协议，毕业生离校时必须将就业协议书一式三份交回就业主管部门。如已签订就业协议，办理相关手续时需向学校就业主管部门递交用人单位的解除协议证明及就业协议书。

（6）毕业生和用人单位在就业协议书上签署意见并加盖公章后，应及时将就业协议书上交学校就业指导服务部门。若因私自滞留就业协议书引发用人单位和毕业生之间纠纷的，由当事人承担相应责任。

（二）就业协议书的审核

学校持已签订的就业协议书到省就业主管部门办理《全国普通高等学校本

专科毕业生就业报到证》时需对其进行审核，审核不合格即无法办理就业手续。毕业生应认真了解有关要求，主要包括如下内容。

(1) 毕业生回生源地自主择业，可不签订就业协议书，经申请后直接办理。

(2) 到省辖市市管或区管单位就业的，需经省辖市毕业生就业主管部门（非师范类专业的经市人事局，师范类专业的经市教育局）盖章同意；到县或县以下单位就业的，只需经县毕业生就业主管部门盖章同意。

(3) 到省直、中央驻省单位工作的，需经主管部门盖章同意。其中进省直事业单位的需携带省人事部门核发的年度机关事业单位进人审核卡。中央驻省单位主管部门系指在省的主管部门。在省工商局注册的无主管企业接收毕业生，需经省毕业生就业办审核备案，或到人事部门人才交流中心实行人事代理。

(4) 在省外落实就业单位的，按有关省、市、县（区）毕业生就业主管部门的规定办理。原则上到省外各省区或部属单位就业的，经省毕业生就业主管部门盖章同意；到市以下单位就业的，经市毕业生就业主管部门盖章同意；到直辖市单位就业的，经直辖市就业主管部门同意。

(5) 到在京中央单位的，需经人力资源与社会保障部同意。

第四节　保障就业权益之劳动合同

劳动合同是毕业生到用人单位报到后签订的，是劳动者与用人单位之间确立劳动关系、明确双方权利和义务的协议。了解劳动合同的基本内容、签订原则及注意事项，有利于维护自己的合法权益，避免不必要的损失。

一、劳动合同的概念和特征

根据《劳动合同法》第十六条的规定，劳动合同是指劳动者与用人单位确立劳动关系，明确双方权利和义务的书面协议。劳动合同除了具有一般合同的特征外，还有与民事、行政合同相区别的独有的特征，具体如下。

(1) 劳动合同双方当事人是特定的。一方是劳动者个人，另一方是用人单位（包括各类企业、事业组织、国家机关、社会团体和个人经济组织等）。

(2) 劳动合同是劳动者与用人单位确立劳动关系的法律形式，其内容是明确劳动权利和劳动义务。我国《劳动合同法》第十六条规定“建立劳动关系应当订立劳动合同”，这表明劳动合同是确立劳动关系的普遍性法律形式。

(3) 劳动合同具有较强的法定性。即劳动合同内容主要以劳动法律、法规为依据，且具有强制性规定，法律虽允许双方当事人协商签订劳动合同，但协商的内容不得违反或排斥强制性规范，否则合同无效。

二、签订劳动合同的作用

劳动合同是劳动者与用人单位确立劳动关系、明确双方权利和义务的协议，是劳动者与用人单位依据《劳动合同法》建立劳动关系的书面法律凭证。劳动合同也是稳定劳动关系，用人单位强化劳动管理，劳动者保障自身权益，双方处理争议的重要依据。

《劳动合同法》规定，建立劳动关系都要签订劳动合同。签订劳动合同主要有以下三个方面的重要作用。

（一）签订劳动合同可以强化用人单位和劳动者双方的守法意识

以劳动合同的形式明确劳动者和用人单位双方的权利和义务，双方之间就有了一个具有法律约束力的协议。在劳动过程中，用人单位依据劳动合同管理职工、行使权利和履行义务；劳动者也依据劳动合同保护自身的权益，履行相应的义务。

（二）签订劳动合同可以有效维护用人单位与劳动者双方的合法权益

劳动合同都要规定一定的有效期限，在合同期内，用人单位和劳动者都不能随意解除劳动合同。合同期满后，用人单位和劳动者可以就是否续签合同等重新进行协商，这就保证了用人单位招聘和劳动者求职的灵活性。

（三）签订劳动合同有利于及时处理劳动争议，维护劳动者的合法权益

当出现劳动争议时，所签订的劳动合同能够有效解决双方分歧，从而有效维护双方的合法权益。如果没有劳动合同，劳动者可能会在因工资收入、工作时间、工作条件等与用人单位发生争议时处于弱势地位，进而蒙受损失。

思维拓展

就业协议书与劳动合同的区别

1. 适用的法律、法规不同

劳动合同适用《劳动法》《劳动合同法》及劳动人事部门颁布的有关劳动人

事方面的规章。就业协议适用教育部颁布的《普通高等学校毕业生就业工作暂行规定》和有关政策。

2. 适用主体不同

劳动合同是劳动者与用人单位之间确立劳动关系的协议，只要双方当事人协商一致，符合法律、政策法规，无欺诈、胁迫等手段，经双方签字盖章，合同即生效。就业协议目前除毕业生与用人单位双方签字、盖章外，尚需学校和鉴证机关（人事部门）参与。

3. 内容不同

劳动合同的内容依据《劳动合同法》的规定，比较详细。就业协议的条款比较简单，主要是毕业生如实向用人单位介绍自己的情况，愿意在规定期限内到用人单位报到，用人单位如实向毕业生介绍本单位情况，同意录用该毕业生等，另外还有一些简单条款。

4. 适用的人员不同

劳动合同可以适用于各类人员。凡是中华人民共和国公民，只要有劳动能力并符合法律规定的条件，经过供需见面、双向选择，一经录用都可以与用人单位签订劳动合同。就业协议只适用于高校毕业生、毕业研究生。

5. 签订时间不同

一般来说，就业协议签订在前，劳动合同订立在后。就业协议是毕业生在找工作的过程中，落实用人单位后签订的；就业协议的签订在学生离校前。

劳动合同是毕业生到用人单位报到后订立的。如果毕业生与用人单位在工资待遇、住房等方面有事先约定，可在就业协议的约定条款中注明，附后补充，日后订立劳动合同对此内容应予以认可。

（资料来源：西安翻译学院就业信息网。）

三、劳动合同的基本内容

根据《劳动合同法》的规定，劳动合同的内容可以分为两个部分：必备条款和普通条款。必备条款也叫作法定条款，就是在劳动合同中必须具备的内容，不可缺少。法定条款又分为一般法定条款和特殊法定条款。

（一）一般法定条款

一般法定条款包含七个方面的内容。

1. 劳动合同的期限

就是合同开始的时间和结束的时间。如 2019 年 3 月 20 日被录用开始工作，工作时间为 10 个月，那么合同的期限一般规定为：本劳动合同从 2019 年 3 月 20 日生效，到 2020 年 1 月 20 日结束。

2. 工作内容

这条规定就业者在该单位做什么工作。如在装修公司当木工，那么合同中应该注明工作的内容是“木工”，具体承担木制家具制作、装修工作等木工活。

3. 劳动保护和劳动条件

如建筑工人应该发放安全帽，高空作业有哪些保护措施等。

4. 劳动报酬

就是工资给多少，怎么算，什么时间发放等。

5. 劳动纪律

如上班时间不得私自外出，如何请假等。

6. 劳动合同终止的条件

如合同到期终止，或者就业单位出现破产停业等情况终止合同，或者就业者出现特殊情况要求终止合同等。

7. 违反劳动合同的责任

这一条规定了签约双方的任何一方违反了合同中的规定，应该如何处理等。

（二）特殊法定条款

由于某些劳动合同的特殊性，法律要求某一种或某几种劳动合同必须具备特殊法定条款。例如，中外合资经营企业和私营企业的劳动合同中应该包括工时和休假的条款。如果因为用人单位的原因签订了不完整的劳动合同，之后对就业者的权益造成了侵害，用人单位应当承担法律责任。

（三）补充条款

补充条款也叫作商定条款，可有可无，是双方当事人在签订合同时互相商量定下的条款。补充条款是法律赋予双方当事人的自由权利，但是补充条款的约定不能与国家的法律法规相抵触，不能危害国家、其他组织或个人的权益。

劳动合同除前面介绍的必备条款以外，还可以增加普通条款，普通条款包括用人单位与劳动者可以约定试用期、培训、保守秘密、补充保险和福利待遇等其他事项。

四、劳动合同的分类

按照有效期限的不同，劳动合同分为：有固定期限、无固定期限和以完成一定工作为期限的劳动合同。

（一）有固定期限的劳动合同

有固定期限的劳动合同，又称定期劳动合同，是劳动合同双方当事人明确约定合同有效的起始日期和终止日期的劳动合同。期限届满，合同即告终止。双方当事人可根据生产、工作的需要确定劳动合同的期限。有固定期限的劳动合同适用范围比较广泛，灵活性较强。如：为保障劳动者的身体健康，劳动法规定从事矿山井下以及其他有害身体健康的工种、岗位工作的农民工，实行定期轮换制度，合同期限最长不得超过8年。

（二）无固定期限的劳动合同

无固定期限的劳动合同，又称不定期劳动合同，是劳动合同双方当事人只约定合同的起始日期，不约定其终止日期的劳动合同。对于无固定期限的劳动合同只要不出现法律、法规或合同约定的可以变更、解除、终止劳动合同的情况，双方当事人就不得擅自变更、解除、终止劳动关系。按照平等自愿、协商一致的原则，用人单位和劳动者只要达成一致，无论是初次就业，还是由固定工转制的，都可以签订无固定期限的劳动合同。法律规定无固定期限劳动合同签订条件的目的在于保护劳动者的“黄金年龄”。

我国劳动法规定有下列情形之一，劳动者提出或同意续订、订立劳动合同的，除劳动者提出订立固定期限劳动合同外，应当订立无固定期限劳动合同：劳动者在同一用人单位连续工作满十年的；用人单位初次实行劳动合同制度或者国有企业改制重新订立劳动合同时，劳动者在该用人单位连续工作满十年且距法定退休年龄不足十年的；连续订立二次固定期限劳动合同，且劳动者无劳动合同法第三十九条和第四十条第一项、第二项规定的情形（单位享有法定解除权的情形，劳动者有过错，以及非工伤和不胜任工作两种情形），续订劳动合同。

用人单位应当与劳动者签订无固定期限劳动合同而未签订的，人民法院可以视为双方之间存在无固定期限劳动合同关系，并以原劳动合同确定双方的权利和义务关系。无固定期限的劳动合同不得将法定解除条件约定为终止条件，以规避解除劳动合同时用人单位依法应承担的支付劳动者经济补偿金的义务。

（三）以完成一定工作为期限的劳动合同

以完成一定工作为期限的劳动合同，是指劳动合同双方当事人将完成某项工作或工程作为合同有效期限的劳动合同。合同中不明确约定合同的起止日期，以某项工作或工程完工之日为合同终止之时。它一般适用于建筑业，临时性、季节性的工作或由于其工作性质可以采取此种合同期限的工作岗位。

五、签订劳动合同的基本原则

《劳动合同法》规定，签订劳动合同要遵循平等、自愿、协商一致的原则，不得违反法律和行政法规的规定。劳动合同依法订立即具有法律效力，当事人必须履行劳动合同规定的条款。

（一）平等原则

平等原则是指订立劳动合同的双方当事人法律地位平等。在合同上签字前，毕业生要仔细阅读合同条款，对内容含混的条款要坚持改写清楚，对不合法的内容要据理力争，以维护自己的合法权益。

（二）自愿原则

自愿原则是指劳动者要完全出于自己的意愿签订劳动合同，用人单位不能强迫或欺骗劳动者签订劳动合同。

（三）协商一致原则

协商一致原则是指劳动合同的各项条款是双方经过平等协商取得一致的意见。

（四）合法原则

合法原则是指签订劳动合同的双方不得违反法律和行政法规的规定，也就是说，订立合同的主体和内容必须合法。

第八章

8

提升职业能力

第一节　人际沟通能力

随着经济全球化和改革开放的进一步推进，沟通成为时代的主题，沟通能力已成为新世纪人才竞争的重要指标之一。沟通渗透在大学生学习与生活的各个方面，对学习效果的好坏、人际关系的协调、人格的健全及心理健康都起着至关重要的作用。

所谓沟通，就是人们在社会生活中，为了一个预计或已设定的目标/方向，借助共同的符号系统如语言、文字、图像、记号及手势等，把信息、思想、意见、感情、愿望、观点和兴趣等，在个人或群体间进行传递，加强信息交换、拓展思路，从而达成一个共同协议的双向互动过程。

一、沟通的价值

英国文豪萧伯纳说过："假如你有一个苹果，我也有一个苹果，而我们彼此交换这些苹果，那么，你我仍然是各有一个苹果；如果你有一种思想，我也有一种思想，而我们彼此交换这些思想，那么，我们每个人将各有两种思想。"这段话生动说明了沟通的意义，沟通具有心理、社会和决策等功能，和我们的生活息息相关。

（一）心理功能

1. 为了满足社会需求和他人沟通

心理学中认为人是一种社会的动物，人们需要与他人相处，就像需要食物、水、住所一样。如果人与其他人失去了相处的机会，身体就会出现一些症状，如产生幻觉、丧失运动机能、心理失调等。我们日常与人的沟通，即使是说一些不重要的话，但却能满足我们互动的需求，身心也会感到愉快与舒适。

2. 为了加强肯定自我和他人沟通

通过沟通，我们能探索自我及肯定自我。要了解自己有什么专长与特质，有时要通过沟通从别人口中得知。与他人沟通后得到的结果，往往成为自我肯定的源泉。人们渴望被肯定、被重视，那么，通过沟通才能找寻到相关答案。

（二）社会功能

人际关系提供了社会功能。借着社会功能，我们可以发展和维持与他人之间的关系。我们必须通过和他人的沟通来了解他人。借助沟通这个过程，人与人之间的关系得以发展、改变或者维系。

（三）决策功能

我们每时每刻都在做决策，就算是决定电视要看哪个台、明天要穿什么衣服诸如此类的小事，也都是一种决策。但是，有些决策是自己就能做出的，有些决策却需要和别人沟通后一起做出。

在决策过程中，沟通体现出两个功能。

1. 促进了资讯交换

正确的资讯有助于做出有效的决策。资讯的获得有时是通过自己观察，比如通过阅读书籍、观看电视，但有时通过与他人沟通能获得更多有效、有针对性的资讯。

2. 影响他人的决策

如果朋友外出购物，他询问你的意见，此时你传达的内容很可能会影响他的决策。

案例探讨

改裤子风波

小明第二天就要参加大学毕业典礼了，为了在记忆中留下一段美好时光，他高高兴兴地上街买了条新裤子，可惜裤子长了两寸。吃晚饭的时候，趁奶奶、妈妈和嫂子都在场，小明把新买的裤子长两寸的问题说了一下，饭桌上大家都没有反应。饭后大家都去忙自己的事情，这件事情就没有再被提起。妈妈睡得比较晚，临睡前想起儿子明天要穿的裤子还长两寸，于是就悄悄地一个人把裤子剪好叠好放回原处。半夜里，狂风大作，窗户“哐”的一声把嫂子惊醒。嫂子醒来后，突然想到小叔子新买的裤子长两寸。想到自己辈分最小，不能让老人费心，怎么也该自己来做，于是起床将裤子处理好后才安然入睡。老奶奶睡眠少，每天早起给小孙子做早饭，想到孙子的裤子长两寸，于是趁水未开的时候也对小明的裤子做了处理。结果，第二天早晨，小明只好穿着短四寸的裤子去参加毕业典礼了。

（资料来源：百度文库。）

二、有效沟通的原则

（一）正确定位原则

沟通包括一些定位，我们应该正确地将沟通定位，以便使自己的信息传递准确。

（二）信息组织原则

所谓信息组织原则，就是沟通双方在沟通之前应该尽可能地掌握相关的信息，在向对方传递这些信息时应尽量简明、清晰、具体。

（三）尊重他人原则

重视他人的人格和价值，承认他人在人际交往中的平等地位。

（四）换位思考原则

所谓“换位思考”，是指在沟通过程中主客体双方在发生矛盾时，能站在对方的立场上思考问题。

三、沟通的技巧

（一）善于倾听

听，是沟通的前提。倾听，貌似简单，其实不易。“听”的繁体字为“聽”，它由“耳”“王”“十”“目”“一”“心”六个字组成，代表着“听”首先是用耳朵接受他人的声音，但仅此却远远不够，还需“十目一心”地仔细观察对方说话的神态，用心揣摩对方的话中之话。只有这样，才能真正感受到对方所要传递的信息。倾听是一种本能，也是一门技术，更是一门艺术，它源自本能，修自后天。学会倾听，要掌握以下几个原则。

1. 以关心的态度倾听

通过非语言行为，如眼睛接触、某个放松的姿势、某种友好的脸部表情和适宜的语调，营造一种积极的交流氛围。如果你表现出留意、专心和放松，对方会感到被重视和更安全，从而有勇气试探你的意见和情感，同时觉得你是以一种非裁决的、非评判的姿态出现的。可以恰当地提出问题或插话，标明你对对方所谈内容的关心、理解、重视和支持，但不要打断对方的谈话，同时还要表现得像一面镜子：反馈你认为对方当时正在考虑的内容，总结说话者的内容以确认你完全理解了他所说的话。

2. 避免先入为主

当有人向你倾诉的时候，调整好你的心态很重要。如果以个人态度考虑一个问题，往往会使你过早地下结论，显得武断。所以，在倾听时最好站在第三者的立场，以理智和接纳的心态帮对方分析和解决问题。

案例探析

学会用心聆听

美国知名主持人林克莱特有一天访问一名小朋友，问他说："你长大后想要当什么呀？"小朋友天真地回答："嗯……我要当飞机的驾驶员！"林克莱特接着问："如果有一天，你的飞机飞到太平洋上空，所有的引擎都熄火了，你会怎么办？"小朋友想了想说："我会先告诉坐在飞机上的人绑好安全带，然后我挂上我的降落伞跳出去。"当在场的观众笑得东倒西歪时，林克莱特继续注视着这个孩子，想看他是不是一个自作聪明的家伙。没想到，孩子的两行热泪夺眶而出，这才使得林克莱特发觉这孩子的悲悯之心远非笔墨所能形容。于是林克莱特问他说："为什么你要这样做？"小孩的答案透露了自己真挚的想法："我要去拿燃料，我还要回来的！"

这就是"听的艺术"：一是听话不要听一半，二是不要把自己的意思投射到别人所说的话上头。要学会聆听，用心听，虚心听。

（资料来源：东方财富网。）

3. 对对方的需要表现出兴趣

带着理解和相互尊重的心态进行倾听，把自己的知觉、情感、态度全部调动起来，投入地听，用心去体验对方谈话所及的情景，才能表现出对对方的需要感兴趣。

4. 学会倾听逆耳之言

人无完人，金无足赤，每个人都有缺点，每个人的工作方法与思路也绝不是完美的。这就需要他人来指正，而作为倾听者，要以虚心的态度来接受。发自内心的逆耳之言是一种关心，更是一种爱护和帮助。

5. 创造良好的倾听环境

即使倾听者掌握了以上原则，但是缺乏一个良好的倾听环境来做保障，还是无法达到倾听效果的。良好的倾听环境包括场所、时间、距离等因素。要选择安静、舒适的场所和恰当的时间，同时说话者与倾听者之间要保持合适的距离，尤其是在正式场合，无论亲疏，都应保持一定的距离。

（二）沟通中的肯定与回馈

如果说话者一个人在那里唱独角戏，他一定会觉得特别无聊，所以应该给予一定的反馈。反馈的方式包括语言与非语言两种。通过语言符号，倾听者可以阐述自己的观点，同时也可以通过适时适度的提问来获得更多的信息，倾听中的提问要做到数量要少而精，太多的问题会打断说话者的思路和情绪。恰当的提问往往有助于双方的交流，问题要紧紧围绕谈话内容，不应漫无边际地提一些随意而不相关的话题，浪费彼此的时间。可以通过重复对方沟通中的关键词，甚至能把对方的关键词语经过自己语言的修饰后，回馈给对方，这会让对方觉得他的沟通得到了你的认可与肯定。同时可以使用简单的语句，如“呃”“哦”“我明白”“是的”“或者”“有意思”等，来认同对方的陈述。通过用“说来听听”“我们讨论讨论”“我想听听你的想法”或者“我对你说的很感兴趣”等，鼓励说话者谈论更多的内容。另外，可以使用一些非语言符号，以达到回馈的目的，例如可以通过一些动作、姿势、表情等让说话者感受到你的心情。最基本的就是目光注视，让他感觉到你正在专注地倾听。当你觉得对方说得很精彩时，可以鼓掌；当你觉得对方说得很有趣时，可以微笑甚至大笑；当你觉得疑惑时，可以皱皱眉，让人觉得你若有所思等。

（三）关注对方的反映

配合对方的关注点并及时调整表达的方式和内容，应避免灌输式和自我陶醉式的表达方式。表达时用词要准确，并尽量使用中性词语，消除对方可能抱有的防卫、警惕甚至敌对情绪，从而对你所表达的意愿产生共识。

（四）沟通中的“先跟后带”

“先跟后带”的意思是：即使你的观点和对方的观点是相对的，在沟通中也应该先让对方感觉到你是认可的、理解的，然后再通过语言和内容的诱导抛出你的观点。职场新人要充分意识到自己是团队中的后来者，也是资历最浅的新手。在这种情况下，新人在表达自己的想法时，应该尽量采用低调、迂回的方式，特别是当你的观点与其他同事有冲突时，要充分考虑到对方的权威性。

（五）承认我错了

“承认我错了”是沟通的消毒剂，可解冻、改善与转化沟通的问题。说声对不起，不代表真的犯了什么大的错误或做了伤天害理的事，而是将其作为一种软化剂，使事情终有“转圜”的余地。其实有时候你也真的是大错特错，死不认错就是一件大错特错的事。

四、大学生提升沟通能力的途径

沟通能力是个人素质的重要体现，关系着一个人的知识、能力和品德。大学生要加强沟通能力的培养，就必须积极激发自身的主观能动性，认识到沟通能力的重要性，勇于实践，在实践中提升自身的沟通能力。大学生提升自我沟通能力的途径有以下几种。

（一）参加社团活动

社团是微观的社会，参与社团是步入社会前最好的磨炼。大家可以参加比如学生会、团委、社团等活动，从基层做起，就肯定有机会参与到大型活动中去，也就有了与人沟通的机会，参加社团活动次数多了以后你会发现，你的沟通能力正在不断增强。在社团中，多观察周围的同学，特别是那些你觉得交往能力和沟通能力特别强的同学，看他们是如何与人相处的。比如：看他们如何处理交往中的冲突，如何说服他人和影响他人，如何发挥自己的合作和协调能力，如何表示赞许或反对，如何在不冒犯他人的情况下充分展示个性，等等。通过观察和模仿，你渐渐就会发现，自己的人际交往能力会有意想不到的提高。

（二）勤工俭学

越来越多的在校大学生利用课余时间外出勤工俭学。大学生兼职，大多数人会选择家教，其次是麦当劳或肯德基的服务员等类型的工作。这些工作都需要与受众进行大量的语言交流与身体接触，是一份难得的人生阅历，在待人接物过程中可以充分培养自己的沟通能力。在实现目标的过程中，大学生能发现自己的不足，发现自己应该朝哪一个方向努力，才能让自己的沟通能力和心理承受能力得到进一步的加强。

（三）当志愿者

当志愿者是大学生锻炼沟通能力的又一途径。志愿者可以在工作时主动扮演不同的角色，学会为不同对象服务，与不同行业、不同职业的人士沟通交流，以此锻炼自己的沟通能力。这样的学习过程不会很轻松，挫折是肯定有的，但是不要灰心，志愿者的人际交往是一种不用“付学费”的学习，犯了错误也可以从头来过。

（四）公司实习

实习生的主要目的不是赚钱，而是为了积累经验，适应将来的工作。怎么才能找到实习机会？怎么才能转正？该如何适应职场生活？实习生要渡过这几道难关，就一定要加强自身的人际沟通能力与团队合作意识的培养。公司既然聘你做实习生，工作一定有安排，企业给了实习生充分展现个人能力和才华的机会，同时为了尽早与公司人才培养计划接轨，也会对实习生进行一定的培训，这其中最重要的一环就是对人际交往能力的培训与锻炼。

第二节　团队合作能力

有句古话叫“三个臭皮匠，能胜诸葛亮”。然而，三个臭皮匠到底凭什么能够取胜足智多谋的诸葛亮呢？难道仅仅是由于臭皮匠的人数多吗？其实，只要我们认真地去探究原因，就会明白三个臭皮匠能胜过诸葛亮，主要是因为他们的相互协作和共同努力。

一、什么是团队合作

所谓团队合作精神，简单来说就是大局意识、协作精神和服务精神的集中体现。团队精神的基础是尊重个人的兴趣和成就，核心是协同合作，最高境界是全体成员的向心力、凝聚力，反映的是个体利益和集体利益的统一，并进而保证组织的高效率运转。团队精神的形成并不要求团队成员牺牲自我。相反，挥洒个性、表现特长保证了成员们共同完成任务目标，而明确的协作意愿和协作方式则产生了真正的内心动力。

团队合作指的是一群有能力、有信念的人在特定的团队中，为了一个共同的目标相互支持、合作奋斗的过程。它可以调动团队成员的所有资源和才智，并且会自动地驱除所有不和谐和不公正的现象，同时会给予那些诚心、大公无私的奉献者适当的回报。如果团队合作是出于自觉自愿时，它必将会产生一股强大而且持久的力量。

团队合作能力有高低之分，大体可分为以下四个等级。

1. 初级团队合作能力

（1）尊重其他团队成员，努力使自己融入团队之中；

（2）将个人努力与实现团队目标结合起来，完成自己在团队中的任务，以实际工作支持团队的决定，成为可靠的团队成员；

（3）为完成工作和团队成员进行非正式的讨论，在团队决策时提出自己的建议及理由，尊重、认同上级认为是重要的事情并执行其相关决策；

（4）作为团队一员，随时告知其他成员有关团队活动、个人行动和重要的事件，共享有关的信息；

（5）认识到团队成员的不同特点，并且把它作为可以接触、学习知识与获取信息的机会。

2. 中级团队合作能力

（1）根据工作需要组建小型团队，营造开放、包容和互相支持的气氛，加强集体向心力；

（2）为团队成员示范所期望的行为，并采用各种方式来提高团队的士气和改进团队的工作效率，确保团队任务的及时完成；

（3）明确有碍于达成团队目标的因素，并试图排除这些障碍；

（4）鼓励团队成员参加团队讨论与团队决定，倡导团队内部的沟通和合作，以推进团队目标设定与问题的解决；

（5）指导其他成员的工作，对其他团队成员的能力和贡献抱着积极的态度，用积极的口吻评价团队成员；

（6）能够利用正式或非正式的沟通渠道及现有的信息系统在团队内部进行知识和信息的交流与共享。

3. 中高级团队合作能力

（1）根据组织的战略目标来确定团队建设的目标、规模及责任，在全体团队成员中促成理解、达成共识，并得以贯彻实施；

（2）确保团队的需要得到满足，为团队争取所需要的各种资源，如人力、财力、物力或有关信息等；

（3）确保团队成员之间能力和知识的互补，在分配团队任务的时候，既照顾到员工的发展，又能实现团队的目标；

(4) 化解团队中的冲突，维护和加强团队的名誉；

(5) 通过团队内有效合作及适当的竞争提高团队的整体绩效。

4. 高级团队合作能力

(1) 具有个人魅力和领导气质，能够指出组织或团队的发展方向和目标，使团队成员充满工作激情，愿意为团队目标的实现竭尽全力；

(2) 对团队成员有全面的认识，有效地应用群体运作机制，从而引导一个群体实现团队目标；

(3) 有目的地创建互相依赖的团体合作精神，在团队间合理有效地调配资源，加强不同目标和背景的团队之间的配合，以促成组织整体业务目标的实现；

(4) 采取行动在组织中营造精诚合作与公平竞争的氛围；

(5) 通过各种手段，如设计团队标志等，塑造健康优秀的团队形象，使组织或团队能被外界或有关组织认同和推崇。

二、团队合作的原则

(一) 了解性格品质

团队强调的是协同工作，所以团队的工作气氛很重要，它直接影响团队的合作能力。世上没有完美的个人，只有无敌的团队，团队中的个人能力取长补短，相互协作，即能造就出一个好的团队，所以才有“三个臭皮匠赛过诸葛亮”之说。在一个团队中，每个成员都有自己的优点和缺点。作为团队的一员应该主动去寻找团队成员的优点，积极学习，并克服自己的缺点，让它在团队合作中被弱化甚至被消灭。如果团队的每位成员，都主动去寻找其他成员的优秀品质，那么团队的协作就会变得很顺畅，工作效率就会提高。

(二) 包容团队成员

团队工作需要成员在一起不断地讨论，如果一个人固执己见，不听取他人的意见，或无法和他人达成一致，团队的工作就无法进行下去。团队的效率在于配合的默契，如果达不成这种默契，团队合作就不可能成功。为此，对待团队中其他成员一定要抱着宽容的心态，讨论问题的时候对事不对人，即使他人犯了错误，也要本着大家共同进步的目的去帮对方改正，而不是一味斥责。同时也要经常检查自己的缺点，如果意识到了自己的缺点，不妨将它坦诚地讲出来，承认自己的缺点，让大家共同帮助你改进，这是最有效的方法。

（三）获得支持与认可

要使自己的工作得到大家的支持和认可，而不是反对，必须让大家喜欢你。但一个人又如何让别人来喜欢自己呢？除了在工作中互相支持、互相鼓励外，还应该尽量和大家一起去参加各种活动，或者礼貌地关心一下大家的生活。要使大家觉得，你不仅是他们的好同事，还是他们的好朋友，会有谁不喜欢与自己的朋友合作吗？

（四）保持谦虚精神

任何人都不喜欢骄傲自大的人，这种人在团队合作中也不会被大家认可。可能你在某个方面比其他人强，但你更应该将自己的注意力放在他人的强项上，只有这样，才能看到自己的不足。团队中的任何一位成员都有自己的专长，所以你必须保持足够的谦虚。

（五）资源共享

团队作为一个整体，需要的是整体的综合能力。不管一个人的能力有多强，若个人能力没有充分融入到团队中，到了一定阶段必定会给整个团队带来致命打击。资源共享作为团队工作中不可缺少的一部分，可以很好地评估团队的凝聚力和团队的协作能力，也是一个团队能力的客观体现。因此，提高团队的资源共享度是团队健康发展、稳定发展的基础。

案例探讨

蚂蚁的团队

英国科学家把一盘点燃的蚊香放进一个蚁巢。开始，巢中的蚂蚁惊恐万状，约 20 秒钟后，许多蚂蚁见难而上，纷纷向火冲去，并喷射出蚁酸。可一只蚂蚁喷射的蚁酸量毕竟有限。因此，一些“勇士”葬身火海。但他们前仆后继，不到一分钟，终于将火扑灭。存活者立即将“战友”的尸体移送到附近的一块“墓地”，盖上一层薄土，以示安葬。一个月后，这位动物学家又把一支点燃的蜡烛放到原来的那个蚁巢进行观察。尽管这次“火灾”更大，但蚂蚁这次却有了经验，调兵遣将迅速，协同作战有条不紊。不到一分钟，烛火即被扑灭，而蚂蚁无一遇难。科学家认为蚂蚁创造了灭火的奇迹。蚂蚁面临灭顶之灾的非凡表现，尤其令人震惊。在野火烧起的时候，为了逃生，众多蚂蚁迅速聚拢，抱成一团，然后像滚雪球一样飞速滚动，逃离火海。那噼里啪啦的烧焦声，是最外层的蚂蚁用自己的躯体开拓求生之路时的呐喊，是奋不顾身、无怨无悔的呐喊。

（资料来源：道客巴巴，蚂蚁团队和狼的团队。）

三、提高团队合作能力的途径

（一）尊重他人

尊重没有高低之分、地位之差和资历之别，尊重只是团队成员在交往时的一种平等的态度。团队是由不同的人组成的，每一个团队成员首先是一个追求自我发展和实现的个体人，然后才是一个从事工作、有着职业分工的职业人。虽然团队中的每一个人都有着在一定的生长环境、教育环境、工作环境中逐渐形成的与他人不同的自身价值观，但他们每一个人也同样都有渴望尊重的要求，都有一种被尊重的需要，而不论其资历深浅、能力强弱。

（二）学会欣赏

欣赏就是主动去寻找团队成员的积极品质，尤其是你的“敌人”，然后，向他学习这些品质，并努力克服和改正自身的缺点和消极品质，这是培养团队合作能力的第一步。“三人行，必有我师”，每一个人的身上都会有闪光点，都值得我们去挖掘并学习。要想成功地融入团队之中，善于发现每个工作伙伴的优点是走近他们身边、走进他们之中的第一步。适度的谦虚并不会让你失去自信，只会让你正视自己的短处，看到他人的长处，从而赢得众人的喜爱。每个人都可能会觉得自己在某个方面比其他人强，但你更应该将自己的注意力放在他人的强项上，因为团队中的任何一位成员都可能是某个领域的专家。

（三）互相信任

团队是一个相互协作的群体，它需要团队成员之间建立相互信任的关系。信任是合作的基石，没有信任，就没有合作。团队成员在承受压力和遇到困惑时，要相互信赖。团队成员在面临危机与挑战时，要相互信任，就像合作猎捕猛兽的猎人一样，必须不存私心，共同行动。否则到最后，这个团队以及这个团队的成员只会一事无成、毫无建树。

（四）高效沟通

一个人身在团队之中，良好的沟通是一种必备的能力。对于团队而言，成员间的沟通是保持团队旺盛生命力的必要条件；对于个体而言，要想在团队中获得成功，沟通是最基本的要求。沟通是团队成员获得职位、有效管理、工作成功、事业有成的必备技能之一。持续的沟通，是使团队成员能够更好地发扬团队精神的最重要的能力。团队成员唯有从自身做起，秉持对话精神，有方法、有层次地发表意见并探讨问题，汇集经验和知识，才能凝聚团队共识，激发自身和团队的力量。

（五）敢于负责

负责即敢于担当，对自己负责，对团队负责，对团队成员负责，并将这种负责精神落实到工作的每一个细节之中。团队在运作过程中，难免出现失误，若是每次出现错误大家都互相推卸责任，那么这个团队就没有存在的价值。要知道，当你将责任推给他人时，实际上也是将自己的快乐和信息转移给了他人。任何有利于团队荣誉和利益的事情，与每一个团队成员都是息息相关的，所有的人都拥有不可推卸的责任。

（六）帮助身边每一块“短木板”

职场之内，人们一致认定的竞争法则是：强者有强者的游戏规则，弱者有弱者的生存法则。作为一个团队成员必须记住：只有全部成员完全发挥作用的团队，才是一个最具竞争力的团队；而只有身处一个最具竞争力的团队之中，个体的价值才能得到最大程度的体现。当你是团队中的那块“短木板”时，应该虚心接受“长木板”的帮助，尽一切努力提高自己的能力，不要让自己拖整个团队的后腿，当你是团队中的那块“长木板”时，你不能只顾自己前进的脚步，而忽略了“短木板”的存在，否则你收获的终将是与“短木板”一样的成就。当我们身处一个团队中时，只有想方设法让“短木板”达到“长木板”的高度，或者让所有的“板子”维持足够高的相等高度，才能完全发挥团队的作用。

（七）团队利益，至高无上

个人的聪明才智只有与团队的共同目标一致时，其价值才能得到最大化的体现。团队精神不反对个性张扬，但个性必须与团队的行动一致，要有整体意识、全局观念，要考虑到整个团队的需要，并不遗余力地为整个团队的目标而共同努力。只有当团队成员自觉思考到团队的整体利益时，他才会在遇到让人不知所措的难题时，以让团队利益达到最大化为根本，义无反顾地去完成任务，自然不会因为工作中跟相关部门的摩擦而耿耿于怀，也不会为同事之间意见的分歧而斤斤计较，更不会因为公司对自己的一时错待而怨恨于心。在团队之中，一个人与整个团队相比是渺小的，太过计较个人得失的人，永远不会真正融入到团队之中，而拥有极强全局意识的人，最终会是一个最大的受益者。

第三节　自我管理能力

所谓自我管理能力，是指受教育者依靠主观能动性，按照社会目标，有意识、有目的地对自己的思想、行为进行转化控制的能力。

一、自我管理能力的内容

自我管理能力主要包括以下几方面内容。

（一）心态管理能力

在我们不断塑造自我的过程中，影响最大的莫过于是选择积极的态度还是消极的态度。自我心态管理是个人为要达到人生目标，进行心态调整，以达到实现自我人生目标，实现最大化优化自我的目的的一种行为。成功人士善于进行自我心态管理，随时调整自我心态，持续地保持积极的心态。

（二）自我心智管理能力

主观偏见是禁锢心灵的罪魁祸首。心智模式是人们在成长过程中受环境、教育、经历的影响，而逐渐形成的一套思维、行为的模式。每个人都有自己的心智模式，而且每个心智模式都会存在一定的障碍。我们要善于突破自我，善于审视自我心智，善于塑造开放而正确的心智模式。

（三）自我形象管理能力

作为要持续成功的人，你身上必然会吸引许多人的目光。所以，你的外在社会形象很重要。我们要懂得如何搭配更加得体的着装，如何适应社会对商务礼仪的要求，如何让自己的举动、谈吐和形象气质更有魅力，如何以优美的品行让别人更信任自己。成功人士必然是更有魅力的人。

（四）自我激励能力

在我们每个人的生命里，潜藏着一种神秘而有趣的力量，那就是自我激励。人的一切行为都是受到激励而产生的，善于自我激励的员工，通过不断地自我激励使自己永远具有前进的动力。自我激励是一个人事业成功的推动力，其实质则是一个人把握自己命运的能力。我们要有健康的心理，善于运用一定的方法自我激励。

（五）角色认知能力

我们在人生里要扮演各种社会性的角色。在工作时，我们穿插于公司、上级、同级及部属、客户之间。我们在角色定位上若没有一套正确的认知能力，往往会落到“上下难做人、里外不是人”的地步。如何正确认知自己的角色，是走向成功的重要环节。

（六）时间管理能力

每个人都同样地享有每年 365 天、每天 24 小时。可是，为什么有人能够在有限的时间里既完成了辉煌事业又能充分享受到亲情和友情，还能使自己的业余生活多姿多彩呢？他有三头六臂吗？他们会分身术吗？时间老人过多地偏爱他们吗？不，关键的秘诀就在于成功人士善于进行自我时间管理。

（七）人际管理能力

有人说“成功＝30%知识＋70%人脉”，更有人说“人际关系与人力技能才是真正的第一生产力”。因为人的生命永远不孤立，我们和很多东西都会发生联系，而生命中最主要的，也就是这种人际关系。因此，要想成功，就应该加强自我人际管理能力。

（八）目标管理能力

生命的悲剧不在于目标没有达成，而在于没有目标。目标有多远，我们就能走多远。目标是指引我们工作的总方向。我们每天的生活与工作，其实都可以理解为一个不断地提出目标、不断追求目标并实现目标的过程。

（九）情绪管理能力

情绪能改变人的生活，有助于改善人际关系和说服他人。情商高的人可以控制、化解不良情绪。在成功的路上，个人最大的敌人其实并不是缺少机会，或是资历浅薄；成功的最大敌人是缺乏对自己情绪的控制。成功人士善于管理自我情绪。

（十）行为管理能力

根据社会伦理和组织所要求的行为规范，每个人的行为都可以分为正确的行为和错误的行为。我们要坚守正确的行事规范，不断将自我行为进行管理以达到职业化行为规范的要求。能够对自己进行好职业行为管理，坚守职业操守，是优良职业素质的成熟表现。

（十一）学习与成长的能力

学习是人类生存与发展的推动力。人不是生而知之，而是学而知之。知识和能力不是天上掉下来的，而是从学习和实践中得来的。学习能力是优秀竞争力的表现，也是人类灵性的表现。

案例探讨

深挖一口井　提升软实力

从前有两个和尚，分别住在相邻两座山上的庙里，这两座山之间有一条河，两个和尚每天都会在同一时间下山去河边挑水，久而久之便成了好朋友。

弹指一挥间，时间在每天挑水中不知不觉五年过去了。突然有一天左边这座山的和尚没有下山挑水，右边那座山的和尚心想：“他大概睡过头了”，没太在意。哪知第二天，左边这座山的和尚还是没有下山挑水。一个星期过去了，右边那座山的和尚心想：“我的朋友可能生病了，我要过去看望他，看看能帮上什么忙。”于是他便爬上山去探望他的老朋友。

当他走到左边的那座庙，看到老友之后，大吃一惊，他的老友正在庙前打太极拳，一点儿也不像一个星期没喝水的样子。他好奇地问：“你已经一个星期没下山挑水了，难道你可以不用喝水吗?”“来来来，我带你去看看。”于是，老友带他走到庙的后院，指着一口井说：“这五年来，我每天做完功课后都会抽空挖这口井。虽然我们现在年轻力壮，尚能自己挑水，倘若有一天我们都年迈走不动时，我们还能指望别人给我们挑水喝吗？所以，即使有时很忙，也没有间断过我的挖井计划，能挖多少算多少。如今，终于让我挖出了水，我就不必再下山挑水去了，可以有更多的时间练我极其喜欢的太极拳了。”

这是一个寓言故事。它告诉我们自己在公司里，无论现在赚多少钱，那也只是挑水；可别忘记把握利用下班后的时间不断挖一口属于自己的井，培养自己另一方面的实力，拥有自己的特长或者技术核心，为以后的工作和生活做好准备，就可以让工作更轻松，生活更美好。

（资料来源：搜狐文化。）

（十二）自我反省管理能力

失败不是成功之母，只有善于不断从失败中反省，才能最终走向成功。经常反省自己，可以驱除心中的杂念，理性认识自己，对事物有清晰的判断，可以提醒自己改正过失，不致迷失方向。只有全面的反省，才能真正认识自己，只有真正认识了自己并付出了相应的行动，才能不断完善自己，因此，反省是不可或缺的。

二、自我管理的特性

（一）目的性

自我管理的目的是要达到和实现个人的全面发展和人生的意义和价值。善于自我管理的人所做的每一件事都是完成特定目的的一个环节。例如，个人的自我完善可成为自我管理的一个目的，同时自我完善又是一个过程，而认清自己又是实现自我完善的重要前提。

（二）主体性

从管理的主体看，自己是自我认识的主体，是自己的管理者，是开发自我宝藏的“厂长和经理”。你想成为工程师和企业家吗？你想成为教授和科学家吗？那么你就是这些“产品”开发、生产和销售的老板。

（三）客体性

从管理的客体或对象看，自我管理以自己为认识和管理的对象，即以自己所拥有的内在资源，如思想观念（价值观、道德观、人生观和动机等）、时间、情绪、行为、身体、信息等为管理对象。这是集中体现自我管理本质的最基本特征。

（四）技能性

这主要涉及自我管理的技术与能力的培养。自我管理以自身素质，尤其是以自我认知（意识、想象、思维和创造力等）、自我情绪和情感控制、自我调适和自我激励等学识和心理品质去管理自我；同时，在自我管理的过程中运用 SWOT 分析、目标管理和反馈分析等技术与方法使自我在各方面得到能力的提升。

（五）主动责任性

主动责任性又称自觉能动性。人类个体的自我管理是个体自主地、独立地、自觉地从事和管理自己的实践行为与活动，而不是在外界各种压力和要求下被动地从事实践活动或需要外界来管理自己的实践活动。当然人的这种自觉能动性也需要有一些外部因素来起促进作用。

（六）自我反馈和调节性

在自我管理过程中，个体不断地去获取有关自身实践活动及各项自我管理要素变化情况的有关信息，审视和检查自身实践和管理活动的过程与效果。个体对自身实践活动的监控和反馈结果及所得到的信息会直接影响到下一步实践活动及行为的调节。所以，自我管理的自我调节性使个体根据反馈的信息和预期目的，对自身下一步的实践活动采取修正、变革、调整等措施的控制。调节性是个体自我管理水平高低的重要指标。

（七）迁移性

迁移性是指从某一个领域中获得的知识和技能有可能适用于另一个领域的知识与技能。由于个体对不同实践活动所进行自我监控和调节的实质是相同的，因此在任何一种实践活动中的自我监控都具有广泛迁移的潜在可能性，即可应用于不同的实践情境中，也可应用在多种多样的实践活动上。由于自我管理具有循环反馈性，它随时可以根据实践性质的变化进行相应调整以适应不同的实践情境，从而表现出广泛的迁移性。

三、提升自我管理能力的途径

（一）自我目标管理

人生没有目标，就像箭矢没有靶垛。虽然随着时间和境遇的变化，你可能对目标做一些调整，但是绝不能没有。目标既不能遥不可及，也不能唾手可得。古训说：“欲得其中，必求其上；欲得其上，必求上上。”就是告诉我们必须适当调高奋斗目标，形象地说，就是要“跳起来摘桃子”。职工在服从企业大目标的前提下，也应有自我发展目标。认清所处的环境，在找到自己长处的同时找出自己的短处，明确目标，然后制定相应的计划。

（二）自我角色认知管理

正确认识个人成长与企业成长的统一性问题。人的发展离不开具体环境的条件和约束，离开了具体环境而谈人的发展是不现实的。员工的价值与满足企业发展需要的属性是密切相关的，要摆正自己在企业中的位置，善于把自己的知识特长与企业的具体情况结合起来，处理好个人专业与企业需要的关系，努力把自己的兴趣特长融入企业的现实任务之中，将个人发展与企业发展割裂开来不会有什么成就。过度地抱怨环境这也不好那也不具备，只会埋没自己的才干。不同的企业中，知识型员工的工作性质有所区别，有的是纯专业性的，如大企业的研发职位；有的专业性不那么强，如市场营销职位，但不管什么企业什么职位，只有全身心地投入到工作中去，与周围同事打成一片，才可能成为企业的有用之才，体现自身的价值。同样，企业发展了，做大做强了，个人才有更大的舞台。

（三）自我学习管理

知识型员工的资本是知识。在当今职场上，企业与员工双向选择，一个人一辈子在一个企业打工非常罕见。在激烈甚至残酷的职场竞争中，不进则退、新人取代旧人是一条不变的规则。对于知识型员工来说，知识是最重要的资本，位置和收入只是知识的副产品。在知识快速更新的时代，只埋头工作或满足于现状是没有发展的，唯有不断学习不断积累，守住自己的看家本领，才能立于不败之地。

（四）自我人际关系管理

知识型员工往往专注于专业，认为专业水平上去了，一好百好，从而忽视人际关系。常常有这样一种人：专业水平很高，为人很好，但由于人际关系没处理好，缺少领导的支持和同事的配合，在工作中就发挥不出其应有的专业水平。良好的人际关系在中国的人文环境中更有现实意义。由此看来，知识型员工要想成功，就应该加强自我人际关系管理的能力。

（五）自我激励管理

自我激励是一个人事业成功的推动力，古人说：“天行健，君子当自强不息。”自我激励是建立在对自己的认识、评价、判断的基础上的。自我激励，对组织而言，是管理的最高境界；对知识型员工来讲，是个人从消极被动的执行者转换为积极主动的进取者，是个人成长与发展的最佳状态。

（六）自我反省管理

反省是成功的加速器。“反省自己”应该成为知识型员工工作的一个重要组成部分。不断地检查自己心中的不足，及时地反思自己失误之原因，就一定能够不断完善自我。

（七）自我习惯管理

美国著名哲学家威廉·詹姆斯有句名言：种下思想，收获行动；种下行动，收获习惯；种下习惯，收获品格；种下品格，收获命运。好的工作习惯对于一个人的职业发展至关重要，它存在于细节之中，但却能决定一个人的职业命运。作为一名职业人，良好的工作习惯包括要有计划性、具备时间观念、保持积极的心态、勇于担当等。同时，要努力改掉自身的坏习惯，例如拖沓、个人主义等。

参 考 文 献

1. [美]Jerry M. Burger，陈会昌等译.人格心理学(第6版).北京:中国轻工业出版社出版,2008.
2. [美]Robert D. Lock，钟谷兰等译.把握你的职业发展方向(第5版)[M].北京:中国轻工业出版社,2006.
3. 晁永红.高校大学生职业规划之我见[J].科教新报(教育科研),2011(15).
4. 陈雅珍.大学生职业规划五步曲[J].中国大学生就业,2008(23).
5. 程社明.你的船你的海:职业生涯规划[M].北京:新华出版社,2007.
6. 杜林致.职业生涯管理[M].上海:上海交通大学出版社,2006.
7. 段志英.大学生职业生涯规划教育现状及实现路径研究[J].重庆电子工程职业学院学报,2011(2).
8. 高雪.美食定律与职场潜规则[J].职场,2010(5):38.
9. 葛玉辉,宋志强.职业生涯规划管理实务[M].北京:清华大学出版社,2011.
10. 耿晓颖.论大学生自我意识的完善与发展[D].东北师范大学硕士学位论文,2008.
11. 顾艳霞,杨小燕.谈大学生职业核心能力的培养[J].江苏社会科学,2010(1).
12. 黄林楠.大学生职业生涯决策影响因素及对策研究[J].教育探索,2009(1).
13. 何瑛,刘雪.初涉职场毕业生存在的心理困惑及调适方法[J].中国证券期货,2011(2).
14. 金树人.生涯咨询与辅导[M].北京:高等教育出版社,2007.
15. 李迎春.对我国大学生职业生涯规划的思考[J].江苏高教,2011(1).
16. 林学军.当代大学生职业生涯规划与管理[M].广州:暨南大学出版社,2008.

17. 瞿立新.职业生涯规划(第二版)[M].上海:上海交通大学出版社,2008.
18. 曲振国.大学生就业指导与职业生涯规划[M].北京:清华大学出版社,2008.
19. 宋海萍.指向职场环境适应的大学生心理建设[J].中国成人教育,2009(11).
20. 孙宗虎,李艳.招聘与录用管理实务手册[M].北京:人民邮电出版社,2007.
21. 吴丽华.大学生职业生涯规划与就业指导[M].北京:北京理工大学出版社,2010.
22. 向宗鼎.遥望社会征程的理性思考[J].中国大学生就业,2001(12).
23. 谢丹影.浅谈职场沟通能力的培养[J].中国高新技术企业,2009(1).
24. 闫海波,张继延,瞿立新,等.就业零距离——大学生就业指导[M].苏州:苏州大学出版社,2005.
25. 苑茜,周冰,沈士仓,等.现代劳动关系辞典[M].北京:中国劳动社会保障出版社,2000.
26. 赵永乐,沈宗军,刘宇瑛,等.招聘与面试[M].上海:上海交通大学出版社,2006.
27. 钟谷兰,杨开.大学生职业生涯发展与规划[M].上海:华东师范大学出版社,2008.
28. 周柏林.论有效自我管理的途径[J].科教导刊,2011(2).
29. 钟恒.大学生职业发展与就业指导[M].北京:商务印书馆,2012.

图书在版编目(CIP)数据

大学生职业发展与就业指导/牛淑珍主编. —上海：复旦大学出版社，2020.5
ISBN 978-7-309-14729-2

Ⅰ.①大… Ⅱ.①牛… Ⅲ.①大学生-职业选择-研究 Ⅳ.①G647.38

中国版本图书馆 CIP 数据核字(2019)第 248434 号

大学生职业发展与就业指导
牛淑珍　主编
责任编辑/姜作达

复旦大学出版社有限公司出版发行
上海市国权路 579 号　邮编：200433
网址：fupnet@fudanpress.com　http://www.fudanpress.com
门市零售：86-21-65102580　团体订购：86-21-65104505
外埠邮购：86-21-65642846　出版部电话：86-21-65642845
上海春秋印刷厂

开本 787×960　1/16　印张 17　字数 250 千
2020 年 5 月第 1 版第 1 次印刷

ISBN 978-7-309-14729-2/G·2049
定价：42.00 元
